민주당 DNA 갈아엎기

민주당
DNA
갈아엎기

달라진 세대 인식을 위하여

오창석 지음

목차

프롤로그

그날 새벽, 여의도에서 광주를 보았다

2024년 12월 3일 오후 10시 23분, 계엄령이 선포되었다. 생방송을 진행하던 나는 갑자기 대통령 긴급 담화가 예정되어 있다는 속보를 보고 어안이 벙벙했다. 도무지 이 타이밍에, 이 시간에 할 이야기가 전혀 예측되지 않았기 때문이다. 생방송과 담화를 번갈아 보는데, 아뿔싸 '비상계엄'이 선포되었다. 1986년생인 나로서는 영화나 역사책에서나 보던 장면이었다.

가장 먼저 떠오른 생각은 그들이 조직적이고 계획적으로 움직이고 있는 경우였다. 만약 그렇다면 그들은 야당의 이재명 대표를 가장 먼저 체포해 정치 활동을 무력화시키려 할 것이었다. 다음으로는 국회의 기능을 상실케 하거나, 주요 인사들의 가택 연금 또는 그에 준하는 조치를 취함으로써 사실상 대한민국을 '무無국회' 상태로 만드는 것을 예상할 수 있었다.

공식적인 직책이나 직함, 그리고 법적으로 부여된 '권한'이 있는 사람이 사라진다는 것은 엄청난 파급력을 가진다. 권한이 있던 사람도 잡혀가는 세상이 되면, 공직 사회에 아무런 권한도 없는 사람들은 어떻게 될까? 그리고 그들이 나서서 부당함을 외쳤을 때 누가 보호해 줄 수 있을까. 외친다 하더라도 누가 그것을 따르고 일사불란하게 움직일 수 있을까. 그리고 이렇게 될 경우, 윤석열 스스로 계엄을 해제하지 않고서는 어떠한 법적 방편도 마련되지 않는 초유이자, 최악의 상황이 펼쳐진다.

황급히 생방송을 종료하고 국회로 향했다. 개인적으로 피신해 있길 바랐던 이재명 대표는 당당하게 유튜브 라이브를 켠 채 국회로 향하고 있었으며, 시민들도 국회로 나와주길 바란다고 말하고 있었다. 민주당에서 조직적으로 법률 검토를 끝내고 국회의 의결을 통한 계엄 해제를 준비한 것이다. 사실, 민주당의 여러 인사들이 이전부터 경고해 온 계엄령에 대해 나 스스로도 반신반의하고 있었다.

국회에는 이미 수많은 시민과 경찰들이 뒤섞여 있었고, 주차를 끝낸 내 머리 위로 헬기가 지나고 있었다. 영화가 아니라 현실이었다. 단톡방도 미친 듯이 울려댔다. 장갑차가 이동하고 있다는 이야기와 함께 관련 사진도 올라오기 시작했다. 무엇이 진실인지 알 수 없는 상황이었지만, 국회 정문에 '대테러 초동 조치 출동차량'이 대기하고 있는 것만은 내 눈으로 직접 확인할 수 있는 사실이었다.

국회를 자주 갔던 터라 위치와 구조를 잘 알고 있었다. 내 머리 위를 지나간 헬기는 국회 뒤편에 내려앉아 본청으로 진입을 시도했고, 이 과정에서 몸싸움도 일어났다. 이윽고 국회의 유리창이 깨지고 건물 안으로 무장한 707 특수임무단이 진입했다. 이들은 본래 국가급 대테러전에 투입되는 인력이다. 하지만 707 특임단이 진입한 국회 안에는 기자와 보좌관, 국회 관계자, 그리고 국회의원들뿐이었다. 당연히 이들은 무장을 하지 않았다. 적어도 국회 안에서는 작은 호신용 칼로도 무장하지 않는 것이 '상식'이기 때문이다.

그날 발표된 계엄사령부 포고령 제1호 3항에는 '모든 언론과 출판은 계엄사의 통제를 받는다'는 내용이 명시되었다. 다행히 아직 완벽하게 통제하지 못한 언론이 생중계를 이어갔고, 그 내용은 유튜브 등을 통해 전 세계로 퍼져나갔다. 곧이어 외신들도 현장에 도착했고, 이들은 한국의 '민주주의'를 염려한다는 속보를 자국으로 타전했다.

계엄령이 발표된 지 2시간 37분 뒤인 12월 4일 오전 1시경, 국회 본회의에 비상계엄 해제 요구 결의안이 상정돼 재석의원 190명 전원의 찬성으로 가결됐다. 그제야 약간의 안도감이 들었다. 대통령이 '지체없이' 계엄령을 해제해야 하는 과정이 아직 남아있었지만, 전 세계 언론과 깨어있는 수많은 국민이 이를 지켜보고 있었기 '때문에' 더는 미친 짓을 이어 나가기 어려울 거라고 생각했다.

오전 4시 30분, 윤석열이 국무회의를 열어 비상계엄을 공식 해제했다. 약 6시간 만에 윤석열의 '내란'이 막을 내리는 순간이었다.

2024년 12월, 다시 대한민국에서 일어난 약 6시간의 계엄령은 우리에게 민주주의의 취약성과 역사의 되풀이를 경계해야 할 필요성을 다시 한번 일깨웠다. 특히 이 사건이 1972년 유신 체제와 1980년 광주 민주화운동의 아픈 기억을 소환했다는 점에서, 우리 사회의 민주주의 의식을 돌아보게 하는 중요한 계기가 되었다.

놀랍게도 이번 계엄령 선포 당시, 일부 시민들 사이에서는 '그냥 자자'는 반응이 나올 만큼 위기의식이 부재했다. 실시간 뉴스 전달이 가능한 현대 사회에서조차 이러한 반응이 나왔다는 사실은, 우리 사회의 민주주의 의식이 얼마나 무뎌져 있는지를 보여주는 단적인 예다. 과거 광주에서는 정보 통제와 언론 검열로 진실이 왜곡되었지만, 현대의 서울에서는 진실이 실시간으로 전달됨에도 무감각한 반응이 나온 것이다.

이는 우리가 얼마나 쉽게 '잔인한 평화'에 안주할 수 있는지를 보여준다. 2018년 대법원이 유신체제를 위법이라고 판결했음에도, 불과 몇 년 만에 비슷한 상황이 재현될 수 있었다는 사실은 충격적이다. 더구나 당시 판결에 참여했던 현 대법원장이 있음에도 이런 일이 발생했다는 점은 법치주의와 민주주의의 근간이 얼마나 취약한지를 여실히 보여준다.

광주 민주화운동 당시에는 군인들의 무자비한 폭력이 있었고, 시민들은 '폭도'와 '빨갱이'라는 낙인이 찍혔다. 정보가 통제된 상황에서 진실은 쉽게 왜곡되었다. 하지만 2024년의 서울은 달랐다. 모든 것이 실시간으로 전달되는 상황에서도 일부 시민들은 이를 심각한 위기로 인식하지 못했다. 이는 어쩌면 더 위험한 상황일 수 있다. 민주주의의 위기를 인식하지 못하는 무감각이야말로 가장 큰 적이기 때문이다.

다행히도 이번 사태는 국회의 신속한 대응으로 빠르게 수습되었다. 하지만 이는 우리에게 중요한 교훈을 남겼다. 민주주의는 결코 완성된 것이 아니며, 언제든 위협받을 수 있다는 것이다. 특히 정치 지도자의 선택이 얼마나 중요한지, 그리고 시민들의 깨어있는 시민의식이 얼마나 필요한지를 다시 한번 일깨워주었다.

이제 우리는 2025년 대통령 선거를 앞두고 있다. 이번 선거는 단순한 정권 교체를 넘어 민주주의의 가치를 재확인하는 중요한 시험대가 될 것이다. 과거의 교훈을 되새기며, 우리는 민주주의를 위협하는 어떠한 시도도 용납하지 않겠다는 분명한 의지를 보여주어야 한다. 광주의 아픔이 더 이상 어느 곳에서도 반복되지 않도록, 우리는 깨어있는 시민으로서 책임을 다해야 할 것이다.

이제 다시, 국민의 시간이다.

2025년 2월

오창석

1장.
핵심 키워드 갈아엎기

대선마다 시대정신이라는 단어는 빠지지 않고 등장한다. 그렇다면 지난 2022년 대선의 시대정신은 무엇이었을까? 주목해야 할 키워드는 크게 세 가지였다. 기후위기와 한반도, 그리고 민생이 그것이다. 지금 와서 굳이 3년 전의 이야기를 꺼낸 이유가 무엇이냐고? 방금 말한 세 주제는 고작 5년짜리 기획형 키워드가 아닌, 30년 혹은 50년 이상 회자될 진정한 의미의 '시대정신'이 될 가능성이 높기 때문이다. 세 키워드로 말미암아 수년 혹은 수십 년 전부터 고조되어 온 대한민국의 위기는 이제 먼 훗날의 위기가 아닌 우리 목을 옥죄는 '실존형 위기'가 되었다. 때문에 우리가 지금부터 살펴보게 될 보고서도 여기에 가장 큰 초점이 맞춰져 있으며, 나 역시 해당 이슈와 담론을 깊이 있게 살펴보는 것은 물론 해당 이슈를 다시금 국민이 알아듣기 쉽게 전하는 데 주력하였다.

첫 번째 시대정신은 '민생'이다. 인류의 역사에서 정치라는 것이 자리 잡은 뒤, 과연 '민생'이라는 단어가 빠진 적이 있을까?

어떤 정권이든 중반부를 넘어가면 무조건 '경제' 이야기가 나온다. 당연한 이야기가 아닌가? 다 먹고 살자고 하는 일이니 말이다. 이 민생 이야기를 안 한다는 것이 오히려 아이러니다. 정치는 반드시 민생을 말해야 한다. 그렇다면 어떤 민생을 말할 것인가. 지난 2022년에 우리가 주목했어야 할, 그리고 2025년의 우리가 주목해야 하는 민생 분야 키워드는 크게 세 가지이다.

민생의 키워드의 첫 번째 주제는 '부동산'이다. "내 집 마련의 꿈이 사라졌다" 이 한마디가 현대 한국 사회의 가장 뼈아픈 자화상이 되었다. 부동산은 더 이상 '재산'이라는 중립적 용어로 불리지 않는다. 그것은 이제 '희망'과 '절망'을 가르는 분수령이 되었다. 한국 사회에서 부동산은 단순한 거주 공간을 넘어 계층 이동의 사다리이자, 세대 간 부의 이전 수단으로 자리 잡았다.

지난 몇 년간 이어진 부동산 광풍은 단순한 시장 실패를 넘어 사회 구조적 문제의 총체적 결정체다. 수요 과잉과 공급 부족이라는 고전적 경제 논리만으로는 설명할 수 없는 복잡한 양상을 보인다. '영끌'이라는 신조어가 말해주듯, 사람들은 무리한 대출까지 감수하며 부동산 시장에 뛰어들었다. 이는 부동산이 유일한 자산 증식 수단으로 인식되는 왜곡된 현실을 반영한다.

특히 주목할 점은 '벼락거지'라는 용어의 등장이다. 이는 단순한 빈곤을 넘어선 상대적 박탈감의 표현이다. 열심히 저축하고 준비했음에도 기회조차 얻지 못하는 젊은 세대의 좌절감이 응축된 말이다. LH 사태는 이러한 분노가 폭발한 결정적 계기였다. 공공기관 직원들의 투기 의혹은 부동산 정책에 대한 국민의 신뢰를 근본적으로 무너뜨렸다.

LTV 완화와 대규모 주택 공급 정책 또한 이러한 맥락에서 이해할 수 있다. 그러나 이는 근본적 해결책이 될 수 있을까? GTX와 같은 교통 인프라 확충은 분명 필요하다. 하지만 더 중요한 것은 부동산을 바라보는 사회적 인식의 전환이다. 주거는 투기의 대상이 아닌 기본권이라는 인식이 자리 잡아야 한다.

부동산 문제는 단순한 경제 정책의 실패를 넘어 한국 사회의 미래가 걸린 문제다. 청년 세대의 좌절은 저출산, 경제 활력 저하, 사회 통합 약화로 이어진다. 이제는 투기 억제와 실수요자 보호라는 이분법을 넘어, 주거 복지와 세대 간 형평성이라는 더 큰 그림을 그려야 할 때다.

결국 우리에게 필요한 것은 '집'이 아닌 '집다운 집'이다. 투기의 대상이 아닌, 삶의 터전으로서의 집. 그리고 그 집에서 피어나는 희망. 부동산 정책은 이제 '가격 안정'을 넘어 '삶의 질'이라는 관점에서 재구성되어야 한다. 그것이 진정한 의미의 '내 집 마련'이 될 것이다.

민생 키워드의 두 번째 주제는 '플랫폼 노동'이다. 스마트폰을

켜면 세상이 열린다. 음식을 주문하고, 택시를 부르고, 장을 보는 일이 손가락 터치 몇 번으로 해결된다. 편리함의 이면에는 누군가의 분주한 발걸음이 있다. 우리는 때로는 서비스를 이용하는 소비자로, 때로는 서비스를 제공하는 노동자로 플랫폼 경제의 양면을 살아간다.

코로나19는 비대면 서비스의 폭발적 성장을 가져왔다. 사회적 거리 두기는 배달 앱과 택배 서비스를 일상의 필수품으로 만들었다. 그러나 이러한 편의성의 이면에는 새로운 형태의 노동 문제가 자리 잡고 있다. 플랫폼 노동은 자유와 불안정이라는 두 개의 날을 지닌 양날의 검이 되었다.

한쪽에서는 시간과 장소에 구애받지 않는 자유로운 노동 형태라는 장점이 있다. 전통적인 9-5 근무 체계에서 벗어나 자신의 라이프스타일에 맞춰 일할 수 있다는 점은 분명 매력적이다. 특히 경제적 위기 상황에서 실직자들에게 새로운 기회의 창구가 되기도 했다.

그러나 다른 한쪽에서는 불안정한 고용 형태와 사회안전망의 부재라는 그림자가 드리워져 있다. 플랫폼 노동자들은 대부분 개인사업자로 분류되어 노동법의 보호를 받지 못한다. 산재보험, 고용보험과 같은 기본적인 사회보장제도의 사각지대에 놓여있다. 알고리즘에 의한 통제와 평가는 새로운 형태의 노동 착취를 낳기도 한다.

더욱 흥미로운 것은 동일인이 서비스 이용자이자 제공자라는 이중적 정체성을 가진다는 점이다. 퇴근 후 배달 음식을 주문하는 회사원이 주말에는 배달 라이더가 되는 풍경이 더 이상 낯설지 않다. 이는 플랫폼 경제가 가져온 노동의 유동성을 보여주는 동시에, 부업이 필요한 경제적 현실을 반영한다.

플랫폼 노동의 확산은 거스를 수 없는 시대적 흐름이다. 문제는 이 새로운 노동 형태를 어떻게 지속 가능한 방식으로 발전시킬 것인가에 있다. 노동자의 권리 보호와 플랫폼의 혁신성이라는 두 가치의 균형점을 찾아야 한다. 기존의 노동법과 사회보장제도를 플랫폼 시대에 맞게 재구성하는 것이 시급한 과제다.

우리는 지금 노동의 개념이 근본적으로 변화하는 시대적 전환점에 서 있다. 플랫폼 노동은 단순히 새로운 일자리 창출의 수단이 아니라, 미래 노동의 표준이 될 수 있다. 따라서 이용자의 편의성만큼이나 노동자의 존엄성이 보장되는 생태계를 만들어가는 것이 우리 모두의 과제다. 결국 플랫폼의 진정한 가치는 기술의 혁신성과 인간의 존엄성이 조화를 이루는 지점에서 찾아야 할 것이다.

민생 키워드의 세 번째 주제는 '지역 격차 해소'다. 대한민국 국토의 12%에 불과한 수도권에 전체 인구의 절반이 모여 산다. 이는 단순한 통계적 사실을 넘어 우리 사회의 심각한 불균형을 보여주는 상징이 되었다. 마치 거대한 블랙홀처럼 수도권은 인구와 자원, 기회를 빨아들이고 있다. 이제 우리는 이 불균형의 시대를 어떻게 극복할 것인가라는 과제 앞에 서 있다.

수도권 집중 현상의 근본 원인은 명확하다. 양질의 일자리와 교육 기회가 수도권에 편중되어 있기 때문이다. 이는 마치 닭이 먼저냐 달걀이 먼저냐는 순환논리처럼 보인다. 일자리가 있어서 사람이 모이는 것인지, 사람이 모여 있어서 일자리가 생기는 것인지 구분하기 어렵다. 하지만 분명한 것은 이 악순환의 고리를 끊지 않으면 대한민국의 미래는 없다는 점이다.

부산, 울산, 경남을 잇는 '메가시티' 구상은 이러한 맥락에서 주목할 만하다. 특히 새로운 공항 건설은 단순한 건설 경기 부양을 넘어 지역 경제의 혈맥을 여는 핵심 인프라가 될 수 있다. 수출 주도형 경제 구조에서 공항은 단순한 이동 수단이 아닌 산업의 동맥이다. 동남권이 가진 항만과의 시너지를 고려하면, 이는 새로운 경제 중심축을 형성할 수 있는 잠재력을 지닌다.

그러나 인프라 구축만으로는 부족하다. 기업들이 실제로 이전할 수 있는 실질적 유인이 필요하다. 이는 때로는 진보진영이 금기시해온 법인세 인하와 같은 과감한 정책적 결단을 요구할 수도 있다. 비수도권 이전 기업에 대한 파격적인 세제 혜택은 단기적으로는 세수 감소를 가져올 수 있지만, 장기적으로는 지역 경제의 활성화와 국가 균형 발전이라는 더 큰 과실을 맺을 수 있다.

교육 분야의 혁신도 필수적이다. 국립대학의 경쟁력 강화, 산학협력 활성화, 연구 인프라 확충 등을 통해 지역 대학이 실질적인 인재 양성의 허브가 되어야 한다. 특목고 설립과 같은 민감한 사안도 지역 균형 발전이라는 큰 그림 속에서 재검토할 필요가 있다. 교육의 질적 향상 없이는 진정한 의미의 지역 발전은 불가능하기 때문이다.

이제 우리에게 필요한 것은 단기적 성과에 매몰되지 않는 장기적 안목이다. 수도권 집중 현상은 하루아침에 형성된 것이 아니듯, 그 해결책 역시 시간과 인내를 요구한다. 중요한 것은 명확한 비전과 일관된 정책의 추진이다. 균형 발전이라는 키워드가 단순한 구호에 그치지 않으려면, 때로는 불편하더라도 과감한 변화를 수용할 수 있는 사회적 합의가 필요하다.

대한민국의 미래는 더 이상 수도권에만 있지 않다. 진정한 국가 경쟁력은 전 국토가 고르게 발전할 때 비로소 완성된다. 지금 우리에게 필요한 것은 이러한 균형의 길을 향한 담대한 첫걸음이다.

두 번째 시대정신은 '기후위기'이다. 기후변화 혹은 기후재앙이라고도 표현한다. 표현은 달라도 본질은 같다. 바로 '지구에서 더 이상 인류가 생존하기 어려운 환경 변화가 찾아온다'는 것이다. 기후위기라는 거대한 위협 앞에서 우리는 묘한 역설에 직면해 있다. 지구의 운명이 풍전등화와 같다고 하지만, 아침에 눈을 뜨면 여전히 태양은 떠오르고 계절은 바뀌며 일상은 계속된다. 북극곰의 위기는 스마트폰 속 동영상으로만 존재하고, 빙하가 녹는다는 뉴스는 먼 나라 이야기처럼 들린다. 이처럼 실존하는 위기와 체감되는 현실 사이의 간극이 기후 변화 대응을 더욱 어렵게 만든다.

현대인의 삶은 마치 서서히 데워지는 물속의 개구리와 같다. 급격한 변화가 없으니 위기감을 느끼지 못하고, 느끼지 못하니 변화의 동력도 생기지 않는다. 하지만 이제는 더 이상 관망할 시간이 없다. 지구 평균 기온 상승률이 산업화 이전 대비 섭씨 1.5도 이내로 제한해야 한다는 목표는 단순한 권고가 아닌 생존의 마지노선이다.

이 시점에서 우리에게 필요한 것은 거창한 구호가 아닌 실천 가능한 전환의 청사진이다. 전기차로의 전환은 그 시작점이 될 수 있다. 단순히 자동차의 동력원을 바꾸는 것이 아니라, 산업 구조와 일상생활의 패러다임을 전환하는 계기가 될 수 있기 때문이다. 충전 인프라 구축, 전기 요금 정책, 배터리 기술 개발 등은 모두 새로운 기회의 영역이다.

IMF 외환위기 당시 김대중 정부가 추진했던 벤처 육성 정책을 떠올려보자. 당시 많은 이들이 시기상조라고 우려했지만, 그 정책은 대한민국의 IT 강국 도약의 발판이 되었다. 지금 우리에게 필요한 것도 이와 같은 과감한 투자와 전환의 결단이다. 친환경 기술은 21세기의 새로운 성장 동력이자 일자리 창출의 원천이 될 것이다.

특히 주목할 점은 친환경 산업으로의 전환이 단순한 환경 보호를 넘어 새로운 경제적 기회를 제공한다는 것이다. 내연기관 중심의 기존 자동차 산업에서 축적한 기술력과 노하우를 바탕으로, 전기차와 수소차 등 미래 모빌리티 시장에서 우위를 선점할 수 있다. 이는 단순한 산업 구조의 변화를 넘어 새로운 일자리 창출과 경제 성장의 동력이 될 수 있다.

하지만 이러한 전환이 성공하기 위해서는 정부의 일관된 정책과 과감한 투자가 필수적이다. '묻지 마 투자'라는 표현이 암시하듯, 당장의 성과에 얽매이지 않는 장기적 안목이 필요하다. 동시에 이러한 정책이 실효성을 가지려면 국민들의 실질적인 참여를 이끌어낼 수 있는 구체적인 혜택과 인센티브가 수반되어야 한다.

결국 기후위기 대응은 위협과 기회가 공존하는 과제다. 당장 눈앞에 보이지 않는 위험에 대비하면서, 동시에 새로운 성장의 기회를 포착해야 한다. 이는 정부와 기업, 그리고 시민 모두의 협력과 지혜가 필요한 도전이다. 녹색 성장이라는 희망을 현실로 만들기 위해, 우리는 지금 첫걸음을 내딛어야 한다.

마지막 세 번째 시대정신은 '한반도 문제'다. 우리는 오랫동안 '하나 됨'이라는 신화에 사로잡혀 있었다. 남과 북이 하나가 되어야 한다는 당위성은 마치 숙명처럼 여겨졌고, 그 과정에서 개성공단은 통일의 전초기지로 미화되었다. 하지만 이제는 냉철한 현실 인식이 필요한 때다. '통일'이라는 거대 담론이 우리의 시야를 얼마나 좁혀왔는지 돌아볼 시점이다.

개성공단을 둘러싼 논쟁은 우리 사회의 세대 간 인식 차이를 여실히 보여준다. 기성세대는 경제적 효용과 평화의 상징성을 강조하지만, 젊은 세대의 시각은 다르다. 그들에게 개성공단은 불안정한 남북관계의 단면일 뿐이며, 실질적인 경제적 혜택을 체감하기 어려운 추상적 존재다. 1단계에 머물러 있는 개성공단의 현실과 3단계 완성이라는 이상 사이의 간극은 좀처럼 좁혀지지 않고 있다.

더 근본적인 문제는 우리가 여전히 과거의 프레임에 갇혀 있다는 점이다. 통일부라는 명칭부터가 그렇다. 이는 마치 두 개의 실체를 하나로 만드는 것만이 유일한 해결책인 양 전제하는 접근이다. 하지만 현대사회에서 성공적인 협력 모델은 반드시 단일체제를 전제로 하지 않는다. EU가 좋은 예다. 서로 다른 주권국가들이 각자의 정체성을 유지하면서도 실질적인 협력을 이뤄내고 있지 않은가.

'통일'에서 '통이(統二)'로의 패러다임 전환은 단순한 말장난

이 아니다. 이는 현실을 직시하면서도 미래지향적인 협력 방안을 모색하는 새로운 접근법이다. 평화협력부와 같은 실용적 명칭으로의 전환은 단순한 간판 교체가 아닌, 남북관계에 대한 우리의 인식 전환을 상징한다. 평화 정착을 최우선 과제로 삼되, 경제와 기술 분야의 실질적 협력을 단계적으로 추진하는 것이 현실적인 로드맵이 될 수 있다.

새로운 패러다임은 기존의 개성공단을 뛰어넘는 혁신적인 협력 모델을 요구한다. 4차 산업혁명 시대에 걸맞은 디지털 협력, 기후변화 대응을 위한 환경 협력, 보건의료 분야의 인도적 협력 등 다양한 영역에서 상호 호혜적인 관계를 구축할 수 있다. 이는 단순히 저임금 노동력을 활용하는 차원을 넘어, 진정한 의미의 상생 발전을 도모하는 것이다.

결국 우리에게 필요한 것은 과거의 성과에 안주하는 것이 아니라, 새로운 시대정신에 부합하는 대담한 전환이다. 하나의 체제로 통합되는 것이 아닌, 서로의 차이를 인정하면서 공존하는 방식을 모색해야 한다. 이것이야말로 진정한 의미의 평화이며, 미래세대가 공감할 수 있는 한반도의 비전이 될 것이다.

민생, 기후위기, 그리고 한반도. 2022년이나 지금이나 이 세 가지 키워드보다 더 큰 담론은 없다. 정치는 언제 어디서나 민생을 말해야 한다. 민생은 정치의 출발이자 마지막이다. 우리는 앞으로 끊임없이 악화될 기후위기에 대응해야 한다. 광복 100주년이 되는 2045년에는 다음 세대에게 평화가 정착된 한반도를 물려줄 수 있어야 한다.

　자, 그럼 지금부터 본격적으로 각 이슈에 관한 이야기를 조금 더 심도 있게 나눠보자.

부동산에 관한 인간 본성을 인정하자

집은 사는 것이 아니라, 사는 곳입니다.

향후 민주당이 부동산을 대할 때, 이 문구부터 전면 수정, 부정, 폐기해야 한다. 온갖 멋진 '척'이 담긴 이 말은 '나만 집이 없다'며 좌절한 국민들의 절망을 부추기기만 할 뿐이다. 누구나 주거의 안정을 원한다. 집을 사지 않더라도 구할 수 있어야 한다. 구한다는 표현은 단순히 매매만을 뜻하지 않는다. 매매, 전세, 월세 모두를 포함하는 단어다. 현재는 높아진 가격 때문에 전세를 구하기도 하늘의 별 따기이다. 월세 또한 직장인의 박봉으로는 점점 더 감당하기 어려워지고 있다. 이 부분을 해결해 줄 수 있어야 한다.

그럴듯한 슬로건에 갇혀 각박한 삶을 사는 국민들의 마음을 외면해서는 안 된다. 인간 생활의 기본은 의식주이다. 의식주가 제대로 해결되지 않을 때, 사람들은 스스로를 '불행하다'고 여긴다. 그나마 옷과 음식은 싼값으로 대체할 수 있는 대체재가 많지만, 주거는 그렇지 않다. 게다가 주거는 한 번 결정하면 옷과 음식에 비해 훨씬 더 오랫동안 이용한다. 따라서 이 문제에 대한 접근은 그 어느 것보다 신중하게 이루어져야 한다. 실거주를 위한 생애 첫 주택 마련을 어떻게 가능하게 해주느냐는 것이 정부가 해결해야 할 가장 중요한 문제이다. 공공 주택도 좋지만 전국을 공공 주택으로 뒤덮어버릴 수 없다면 민간 개발도 함께 고려해야 한다.

그동안 진보 진영은 집값이 크게 하락할 수밖에 없다는 강박과 신념에 사로잡혀, 중산층 진입에 대한 욕망을 키우기 시작한 30대들의 내 집 마련 꿈을 접어버릴 만큼 공급을 규제하는 정책을 주로 펼쳤다. 이로 인해 수도권의 집은 갑자기 한정판이 되어버렸다. 앞으로 더 공급이 없다고 하니 남아있는 아파트를 구하려는 수요가 몰릴 수밖에 없었다. 대출도 막겠다고 하니 마지막 남은 대출 가능성을 모두 끌어모은, 이른바 영끌 대출이 시작되었다. 어렵게 부동산을 구한 사람들은 이제 웬만한 가격으로는 집 내놓지 않으려고 한다. 부동산 가격은 이렇게 아주 자연스럽게 폭등했다.

**정치가 시장에 진 것이 아니라,
정치가 인간의 본성에 진 것이다.**

그 본성을 가장 세게 자극한 것은 아이러니하게도 부동산 정책이었다. 분노는 여기서부터 출발한다. '나도 내 집 마련을 하고 싶다'거나 '더 이상 이사 가고 싶지 않다'는 가장 솔직하고도 근원적인 욕망과 본성을 헤아려야 한다. 무분별한 개발을 하자는 것이 아니다. 적어도 생애 첫 주택을 구입하려는 사람과 신혼부부, 2023년 기준 34.5%를 차지한 750만 명의 1인 가구를 위해 정부가 해야 할 일은 여전히 너무 많다.

평생직장이 사라졌다.

이 이야기를 단순히 직장에 국한 시켜선 안 된다. 이 말은 곧바로 부동산과도 이어질 수밖에 없다. 평생직장이 사라졌다는 건 언제든 이직을 할 수 있음을 뜻함과 동시에 이직을 해야만 하는 상황 속에서 살아가야 함을 의미한다. 누구나 회사 근처에 살고 싶다. 직주근접을 통해 불필요한 출퇴근 시간을 줄이고 삶의 질을 높이고 싶은 것이다. 따라서 직장을 옮겨가면 자연스레 집도 옮겨가야 할 확률이 높아진다. 부동산 투기를 위해서 여기저기 옮겨 다니는 것이 아니라 직장 이동에 따른 필요에 의해서 이사를 가야만 하는 사람들이 전보다 더 많이 생겨날 수밖에 없다는 말이다. 정년퇴직이 아니고서야 나의 해고와 퇴직을 몇 개월 전부터 충분히 준비할 수 없고, 갑자기 이루어진 발령을 미리 예견해 몇 개월 전부터 이사 갈 곳을 준비할 수도 없다. 따라서 막연히 이사 가려는 사람을 모두 부동산 투기 세력으로 매도할 수 없다. 그러나 우리 정책은 누군가를 특정하고 매도하는 것에만 집중하지는 않았는지 돌이켜볼 필요가 있다.

또 다른 사례도 살펴보자. 문재인 정부는 지난 2017년 12월 13일, 12·13 대책을 발표했다. 임대주택 등록 활성화 방안으로 '등록 임대 주택을 늘려 세입자 보호를 강화하는 것'이 목표였다. 등록하는 다주택자들에게 취득세와 재산세, 종부세, 양도세, 건강보험료까지 감면해 주었다. 세입자 보호라는 목표를 가진 대책이었지만, 실제 혜택은 다주택자들이 더 많이 가져갔다. 결국 시장에서 다주택자들은 이를 '집을 더 사라'는 신호로 받아들였고, 부동산 시장은 또 한 번 불이 붙었다. 온갖 혜택이 있는 이 시기를 다주택자들이 놓칠 이유가 없었다. 심지어 1주택자들도 주택을 더 늘려 등록 임대업자가 되고자 했다. 어떤 이들은 이를 두고 '인간의 본성에 진 것'이라고 표현했지만, 적어도 정치권에 있는 사람들은 이렇게 표현하면 안 되었다. 정책의 실패였다. 정책은 늘 의도한 방향으로만 흘러가지 않는다. 정책학원론에 나오는 말이다. 내가 예상하지 못했던 방향으로 나갈 수도 있음을 전제하고, 그 부작용을 최소화시키는 것까지가 정책의 완성이다. 12·13 대책은 정책의 악용 가능성을 너무 간과했다. 이후에도 정부는 무수히 많은 부동산 대책을 내놓았지만, 민심은 악화

일로를 걸었다.

 부동산의 문제는 사는 것과 사는 곳의 문제, 평생직장이 사라진 현실을 넘어선 문제도 담고 있다. 바로 '부의 세습 문제'다. 부모의 경제력은 단순히 초중고 진학과 대학교의 입시 준비, 그리고 유학에서 졸업에 이르기까지의 과정에만 영향을 미치는 것이 아니다. 결국은 부동산이다. 사실상 결혼의 전제 조건이 되어버린 '내 집 마련'에도 절대적인 영향을 미친다. 이러한 상황이 리사 앳킨스, 멀린다 쿠퍼, 마르티즌 코닝스의 책『이 모든 것은 자산에서 시작되었다』에서는 이렇게 표현된다.

 "사실 이런 식으로 부모가 자식에게 제공한 재정적 도움의
 총합을 고려해 보면 호주의 〈엄마 아빠 은행〉의 규모가 중간 규
 모 정도의 주택 대출 기관과 맞먹는 것으로 추정된다. 부모들
 이 부를 직접적으로 양도할 뿐 아니라 자녀들이 '부동산 사다
 리'에 올라탈 수 있도록 빚을 내고, 대출에 대한 보증을 서고,
 기존의 자산을 이용해 역모기지를 받는다는 증거 또한 늘어나
 고 있다."

 생애 첫 집을 전액 현금으로 사는 경우는 거의 없다. 수억 원혹은 수십억원에 달하는 현금을 젊은 세대가 한 번에 충당할 수

있는 경우는 그리 많지 않기 때문이다. 이들은 대부분 금융기관, 즉 은행을 통한 대출을 선택한다. 하지만 부동산 가격이 급등한 뒤부터는 자신의 노동 소득과 대출만 가지고 부동산에 접근하기 어려워졌고, 이는 결국 타고난 종잣돈을 얼마나 가지고 있느냐의 차이로 귀결되었다. 바로 '부모의 경제력'이다.

민주당은 부동산을 이야기할 때, 원래 형성되어 있던 자산을 어떻게 재분배할 것인지, 없던 자산을 어떻게 형성 시켜줄 것인지 함께 고민해야 한다. 즉, 내가 노력으로 얻을 수 있는 자산 사다리를 어떻게 놓아줄 것인지 살펴보아야 한다는 말이다. 단순히 상속세를 강화한다는 방향으로 가면 당장의 배아픔은 해결될지 모르지만 본질적인 배고픔은 해결되지 않는다. 누구 하나, 어떤 계층 하나 찍어서 거기만 '조지면' 문제가 해결될 것이라는 접근을 피해야 한다.

부동산의 문제는 비단 수도권에만 국한되지 않는다는 사실도 고려할 필요가 있다. 예를 들어, 메가시티 사업을 추진하고 있는 부울경 지역에서도 이와 같은 현상이 나타났다. 부산에는 지난 2024년 제22대 총선 기준, 총 18개의 국회의원 지역구가 위치한다. 그중에서도 낙동강을 끼고 내려가는 이른바 '낙동강 벨트'는 민주당에게 '그나마' 유리한 지역으로 분류된다. 기성세대가 이미 자리 잡고 있는 원도심에서 멀고, 부동산 가격이 상대적으로 저렴해 젊은 신혼부부 유입도 많기 때문이다. 북강서갑, 북강서을 지역 등이 대표적이다.

이 지역에서 청소년기를 보낸 청년 중 상당수는 보다 저렴하면서 그리 멀지도 않은 양산에서 신혼 첫 살림을 꾸렸다. 지하철이나 자동차로 금방 부산에 진입할 수 있고, 갓 입주를 시작한 새 아파트였으며, 신설된 어린이집과 유치원, 초등학교도 많았기 때문이다. 이들 생각은 대부분 서울 인근 수도권으로 나가는 사람들의 목표와 같았다. 신혼은 여기서 시작하지만, 아끼고 모아서 다시 원래 살던 곳으로 돌아가겠다는 목표 말이다. 하지만 부동산 가격이 폭등했고, 이들은 양산에 발이 묶여버렸다. 즉, 노동 소득만으로는 부산에 재진입하는 것이 사실상 불가능하게 되어버린 것이다.

나는 이 이야기를 거의 실시간으로 접했다. 본가가 위치해 있고, 고등학교도 이곳에서 졸업했기 때문이다. 친구들이 어떤 생각으로 양산을 가려했는지, 무엇 때문에 부산에 다시 들어오지 못하게 되었는지 정확하게 들을 수 있었다. 부동산 정책 실패로 인한 민심의 변화가 고작 수도권 2,500만 명에게서만 일어났다고 생각하면 오산이다. 부울경 전역의 800만 명은 물론, 비슷한 상황에 처한 여러 비수도권 지역 거주자 수백만 명에게도 영향을 미쳤기 때문이다.

그렇다면 이 문제를 어떻게 해결해야 할까? 부동산 문제를 바라보는 단순한 시선부터 거두어야 한다. 공급이 부족하니 더 지으면 된다는 산술적 논리부터, 고가 주택 소유자를 향한 일방적 매도까지 말이다. 복잡한 이 문제를 지나치게 단순화하면 남는 것은 결국 또 다른 상처뿐이다.

수도권 집값 문제의 본질은 단순한 주택 공급 부족이 아니다. 서울의 모든 산을 밀어 아파트를 지어도 해결되지 않을 것이다. 수도권 인구 집중은 일자리라는 근본적 원인에서 비롯됐다. 양질의 일자리가 수도권에 집중되어 있는 한, 주거 문제는 계속될 수밖에 없다. 따라서 부동산 정책은 일자리 분산, 지역 균형 발전과 함께 논의되어야 한다.

특히 우려되는 것은 고가 주택 소유자들을 향한 획일적 낙인찍기다. 종합부동산세 대상자들을 모두 투기꾼으로 매도하는 것은 위험한 일반화의 오류다. 정직하게 일하며 정당하게 세금을 내고있는 이들까지 악인으로 규정하는 것은 사회 통합을 저해한다. 불법적 투기는 법으로 다스려야 하지만, 정당한 자산 소유자를 범죄시하는 것은 바람직하지 않다.

정책 용어의 선택도 중요하다. '종부세'라는 모호한 표현보다 '100억 부동산세' 같은 명확한 용어를 사용한다면, 불필요한 오해와 반발을 줄일 수 있다. 상속세 논의도 마찬가지다. '100억 상속세'라고 하면 대부분의 시민들은 자신과는 무관한 정책임을 직관적으로 이해할 수 있다. 정책의 본질을 왜곡하지 않으면서도 국민의 이해를 돕는 언어 선택이 필요하다.

주거 기준에 대한 인식도 현실에 맞게 변화해야 한다. 과거 네 식구가 13평에서 살았다고 해서, 오늘날의 신혼부부에게도 같은 기준을 적용하는 것은 시대착오적이다. 한국인의 체격이 커지고 생활양식이 변화한 만큼, 최소 주거 면적 기준도 상향 조정되어야 한다. 지하철 좌석이나 극장 의자 크기가 시대에 맞춰 변화한 것처럼, 주거 기준도 현실을 반영해야 한다.

결국 부동산 문제는 단순한 공급 확대나 세금 정책만으로는 해결할 수 없다. 일자리 분산, 지역 균형 발전, 합리적인 과세 기준, 현실적인 주거 기준 등이 종합적으로 고려되어야 한다. 더불어 정책을 둘러싼 소모적 갈등을 줄이기 위해, 더 명확하고 이해하기 쉬운 정책 용어를 사용하는 노력도 필요하다. 부동산 문제는 결코 부동산만의 문제가 아니기 때문이다.

플랫폼 노동자를 위한 올바른 노동 환경을 만들자

　지난 2022년 대선은 코로나 국면에서 진행되었다. 방역을 어떻게 할 것인가, 거리두기 정책을 유지할 것인가 말 것인가, 어떤 방식으로 백신 접종을 이어나갈 것인가, 손실 보상금을 어떻게 지원할 것인가 등 이에 관한 이야기가 빠질 수 없었다. 하지만 대선이 임박하면 임박할수록 오미크론 변이의 약화, 그리고 충분한 접종을 통해 위·중증환자 비율과 치명률이 동시에 감소했다. 거리두기 정책을 해제할 수밖에 없었고, 이에 대해 그 어떤 정당도 다른 목소리를 낼 수 없었다. 즉, 공약의 차별점이 생기기 어려웠다는 말이다.

　이러한 상황에서 중요한 것은 바로 플랫폼 노동에 관한 정책을 수립하는 것이었다. 코로나19가 만든 새로운 일상은 우리 사회의 민낯을 적나라하게 드러냈다. 특히 플랫폼 노동이라는 신종 노동 형태는 디지털 시대의 그림자처럼 깊어져만 갔다. 2021년 고용노동부 통계*에 따르면, 이들의 수는 15세부터 69세까지 취업자 중 약 8.5%에 해당하는 220만 명 수준이었다. 대구광역시의 인구가 240만 명 정도임을 감안하면, 웬만한 광역시 인구에 달하는 새로운 노동자 계층이 탄생한 것이다. 이들은 실체는 있되 정체성은 없는, 존재하되 인정받지 못하는 모순적 존재였다.

플랫폼 노동의 급격한 성장은 팬데믹이 가져온 필연적 결과 였다. 비대면 서비스가 일상이 되면서 배달과 택배는 우리 생활 의 필수 요소로 자리 잡았다. 흥미로운 것은 우리 모두가 이 서 비스의 소비자이면서 동시에 잠재적 노동자가 되었다는 점이 다. 자영업의 몰락과 문화예술계의 침체 속에서 플랫폼 노동은 새로운 생존의 방편이 되었다. 하지만 이는 마치 양날의 검과 같 았다.

플랫폼 노동의 근본적 모순은 '사장님'이라는 허울 좋은 호칭 에 있다. 실질적으로는 회사의 지시를 받아 일하는 노동자이지 만, 법적으로는 개인사업자라는 이중적 지위에 놓여있기 때문 이다. 이러한 구조적 모순은 노동법의 사각지대를 만들어냈다. 플랫폼 기업들은 노동자들을 통제하면서도 책임은 회피하는 교 묘한 전략을 구사한다. 최저임금, 산재보험, 고용보험 등 기본적 인 노동권의 보장에서 제외된 채, 이들은 자유로운 시장경제의 이름으로 포장된 새로운 형태의 착취를 경험하고 있다.

* "2021년 플랫폼 종사자, 취업자의 8.5%인 220만 명", 고용노동부(2021. 11. 18)

더욱 심각한 것은 이러한 현상이 일시적인 것이 아닌 '구조적 변화'였다는 점이다. 디지털 전환이 가속화되면서 플랫폼 노동이 확대될 것은 불 보듯 뻔한 일이었다. 실질적 노동자임에도 노동자로서의 법적 보호를 받지 못하는 이들을 위한 공약이 절실히 필요한 시점이었다.

그럼 플랫폼 노동자들이 겪고 있었던 문제들을 몇 가지 열거해보자.

"원하는 시간에 일하세요. 당신이 바로 사장입니다."

디지털 플랫폼 기업들의 이 달콤한 약속은 21세기 노동 시장의 가장 큰 역설을 품고 있다. 자유와 자율을 표방하는 이면에서, 새로운 형태의 종속이 조용히 자리 잡고 있기 때문이다. 겉으로는 독립적인 계약자로 분류되지만, 실상은 더 촘촘한 통제 그물망 속에서 일하는 플랫폼 노동자들의 현실은 우리에게 무엇을 말하고 있는가.

디지털 시대의 새로운 노동 형태는 '자율성'이라는 미끼로 포장되어 있다. 하지만 배달 노동자들의 일상을 들여다보면, 이는 허상에 불과하다는 것을 알 수 있다. 언제 들어올지 모르는 '콜'을 위해 항상 대기 상태를 유지해야 하고, 콜을 거절하면 이용정지라는 제재가 따른다. 평가 시스템은 불투명하고 일방적이며, 노동자들은 알고리즘이라는 보이지 않는 관리자의 지시에 순응해야 한다. 이는 과거 공장의 벨트 컨베이어 시스템보다 더 정교한 통제 방식이 아닐까.

더욱 문제적인 것은 이러한 구조가 기업의 책임 회피를 제도화한다는 점이다. 플랫폼 기업들은 노동자를 '독립 사업자'로 규정함으로써 4대 보험, 산재보험 등 기본적인 노동자 보호 장치를 제공하지 않는다. 데이터를 활용한 정교한 통제 시스템을 운영하면서도, 고용주로서 의무는 회피하는 이중적 태도를 보이고 있는 것이다.

이러한 문제의식 속에서 탄생한 것이 캘리포니아의 AB5 법안이다. 이 법의 혁신성은 입증 책임의 전환에 있다. 노동자가 자신의 근로자성을 증명하는 것이 아니라, 기업이 계약자의 독립성을 증명해야 한다. ABC 테스트라 불리는 이 기준에 따르면, 회사의 통제로부터의 자유, 핵심 업무와의 구분, 독립적 사업 운영이라는 세 가지 조건을 모두 충족해야만 진정한 독립 계약자로 인정받을 수 있다.

이는 단순한 법적 기준의 변화가 아닌, 디지털 시대 노동의 본질에 대한 근본적인 재고찰을 요구한다. 플랫폼 노동이 제공하는 유연성과 효율성의 이면에는, 노동자의 기본권이 침식되는 현실이 존재한다. 진정한 자율성은 노동자의 권리가 보장될 때 비로소 가능하다는 점을 우리는 다시 한번 확인하게 된다.

오토바이에 관한 문제도 빼놓을 수 없다. 국내 최초의 배달 노동자 노조인 '라이더 유니온'*을 만든 박정훈 위원장은 자신의 책『배달의 민족은 배달하지 않는다』를 통해 배달 산업의 가장 큰 문제로 '오토바이 보험료'를 언급했다. 그에 따르면 오토바이 보험의 종류는 크게 세 가지로 나뉜다. 바로 출퇴근용과 무상운송보험, 유상운송보험이다. 이중 배달노동자가 가입해야 하는 것은 유상운송보험이다. 보험을 들지 않을 경우, 사고가 난 배달노동자는 대인 및 대물 보상에 대한 책임을 온전히 자신이 져야 한다. 하지만 유상운송보험의 금액은 적게는 400만 원, 많게는 800만 원에 육박한다. 이는 보험 자체를 가입하지 않은 채 배달 업무를 하는 노동자들이 상당수인 이유다.

이를 기업 차원에서 해결하기 위한 노력도 존재했다. 지난 2019년 배달음식 주문 어플리케이션 '배달의민족'을 운영하는 우아한형제들의 자회사 우아한청년들이 내놓은 '시간제보험'이 대표적인 예이다. 우아한청년들은 지난 2022년 12월, '시간제보험' 운영 3주년 기념 보도자료를 배포하며 유상운송보험을 "'의무 적용' 중인 업체는 우아한청년들이 유일하다"고 강조했다. 하지만 그로부터 1년 6개월 만인 2024년 7월, '유상운송보

---

* 라이더 유니온 https://riderunion.org

험 의무화 정책을 돌연 폐지했다. 이틀 남짓 걸리는 보험 가입, 확인 시간과 보험료에 따른 금전 부담 탓에 라이더들이 경쟁 업체로 빠져나가자, 제도 개선 방법을 찾는 것이 아닌 허들을 폐지하는 방법을 택한 것이다.

문제는 이뿐만이 아니다. 오토바이 정비사 자격증 제도가 없다 보니 정비 비용은 정비소마다 제각각이다. 표준화된 공임 단가조차 없는 현실은 라이더들의 경제적 부담을 가중시킨다. 이는 결국 차량 관리 소홀로 이어져 안전 문제를 야기할 수 있다.

일부 라이더들의 난폭 운전이나 소음 문제를 지적하는 목소리도 있다. 그러나 이는 법 집행의 문제이지, 직업 전체를 매도할 근거가 될 수 없다. 오히려 우리가 주목해야 할 것은 이 직종이 왜 저소득층의 '마지막 선택'이 되었는지에 대한 근본적 성찰이다.

해결의 실마리는 제도 개선에 있다. 우선 플랫폼 노동자들의 권리 보장을 위한 법적, 제도적 장치를 마련해야 한다. 이들의 권리가 온전히 보장될 때, 그 어느 때보다 빠르게 변화하고 있는 사회의 구조적 안전장치가 함께 마련될 수 있기 때문이다. 유상 운송보험료의 현실화가 시급하다. 이를 위해 정부와 보험사, 플랫폼 기업이 협력하여 합리적인 보험 체계를 마련해야 한다. 또한 오토바이 정비 자격증 제도 도입으로 정비 서비스의 표준화도 이뤄져야 한다.

플랫폼 노동자는 대부분 저소득층과 일용직에 집중되어 있다. 자신의 노동의 가치를 제대로 인정받지 못하며, 사회적 인식 때문에 눈치를 보는 경우도 많다. 이들에게 플랫폼 노동은 선택이 아니라 필수적 생계유지 조건이라는 점을 이해해야만, 이 문제에 더 진지하게 접근할 수 있다. 지난 대선 당시 이러한 내용을 후보자에게 전달했고, 보고서를 쓸 무렵에는 몇몇 법안들이 이미 발의되거나 공약으로 만들어졌다.

그렇다면 플랫폼 노동을 하고 있는 사람들에게 이 사실은 얼마나 전파가 되었을까? 실제 현장에서 일하고 있는 분과의 대화를 통해 살펴보자.

> 형님! 저 질문 하나만 할게요!
> 쿠팡플렉스 일하실 때 노동법 관련 내용이나 보험, 계약관계 부분에 대해 자세히 설명 들으신 적이 있으신가요?

> 등록을 할 때 장문으로 뭐라고 쓰여있던 것 같아요~~
> 직접 따로 자세히 설명 들은 건 없어요~~

> 그렇군요ㅜ 그럼 사고가 났을 때의 대처법이나 회사와의 관계에 대해서도 자세히 모르는 경우가 많나요?

그쵸 회사는 사실 나 몰라라죠. 일하시는 분들도 대부분 자기 일 빨리 하는 게 우선인 상황입니다~~

이 사람이 플랫폼 노동을 하는 모든 노동자를 대변할 수는 없다. 하지만 대부분의 현실이 비슷할 거라는 추정 정도는 가능하다. 플랫폼 노동자들을 보호할 수 있는 법안들이 쏟아진다 하더라도, 정작 이를 종사하고 있는 노동자들이 모른다면 아무런 의미가 없다. '권리 위에 잠자는 자는 보호하지 않는다'는 말이 있다 해도 정치는 그러면 안 된다. 노동자의 권리를 만들었다면 그 권리를 널리 알리는 것도 역시나 정치의 중요한 역할이다. 따라서 나는 플랫폼 노동 관련 공약에 대해 최대한 간결하고 명료하게 설명할 필요가 있다고 판단했다. 다음과 같이 말이다.

1. 플랫폼 노동 센터의 전국 단위 구축(지자체별 구청 또는 주민센터별 설치 또는 노동청 산하)
2. 오토바이와 같은 이륜차 공인 정비 자격증 제도 도입
3. 산재 보험료 완전 정착

지난 몇 년간, 플랫폼 노동은 코로나 국면의 서민 생계가 걸린 절박한 노동이었고, 국민의 식탁이자 생계의 최전선이었다. 이는 팬데믹 시기를 지난 지금 또한 크게 다르지 않다. 이들에 대한 온전한 권리 보호가 이루어질 때, 더 많은 산업 분야 노동자들의 현실을 나아지게 만들 기회 또한 마련될 수 있다.

지방엔 먹이를, 서울엔 둥지를 만들자

부산상공회의소는 지난 2022년 6월 15일 보도자료를 하나 배포했다. 〈부산지역 MZ세대 구직자와 기업의 일자리 인식 조사〉라는 제목의 자료로 부산지역 MZ세대 구직자와 기업의 일자리 미스매칭 실태를 조사한 내용이었다.

먼저 지역 중소기업의 대다수는 MZ세대 채용이 어렵다고 답했다. 충분한 필요 인력 채용이 어렵다고 답한 기업이 전체의 62.1%였고, 아예 채용이 불가하다는 답변은 12.6%였다. 큰 문제가 없다고 답한 기업은 고작 25.3% 밖에 되지 않았다. 다시 말해, 부산 지역의 4개 중소기업 중 3개 기업은 인력 수급난을 겪고 있다는 것이었다.

그렇다면 부산에 거주하는 MZ세대 구직자의 구직 희망 지역은 어땠을까? 놀랍게도 구직자의 77.5%가 부산을 취업 희망 지역으로 선택했다. 지역이 무관하다는 의견은 14.5%였고, 수도권은 고작 8.0%에 불과했다. 수도권을 제외한 92%는 부산에서 취업할 수 있다는 뜻이었다. 지역 기업의 약 75%는 사람을 구하지 못하는데, 지역의 인재들의 77.5%는 부산을 원한다면 그 괴리를 어떻게 설명해야 할까? 같은 설문조사에서 구인난의 가장 큰 원인으로 구직자의 희망 수준보다 낮은 임금 수준이 39%로 조사되었다. 뒤를 이어 지역 중소기업에 대한 취업 기피 기조가 24.7%, 비선호 업종 및 직무가 14.3%, 열악한 근무 환경과 미흡한 복리 후생이 9.1%였다. 말은 다르게 응답했지만 사실 다 같은 맥락이다. '다닐 만한 회사가 없다'는 것이다.

대기업과 중소기업의 차이는 비단 연봉으로 끝나지 않는다. 연봉의 차이가 주택 담보의 이자율과 상환 기간, 그리고 대출 규모까지 결정짓기 때문이다. 비교하기조차 어려운 복지 혜택과 휴가도 한몫한다. 휴가에서 어떤 차이가 있냐고 물어본다면 간단하다. 언제든지 눈치 보지 않고 휴가를 쓸 수 있는가, 유급 휴가인가 무급 휴가인가, 출산 휴가를 쓸 수 있는가 없는가 등 한두 가지 차이가 아니기 때문이다. 나는 부산에서 초중고와 대학교까지 나왔기 때문에 이러한 변화와 괴리를 실시간으로 감지할 수 있었고, 결국은 수도권과 비수도권의 격차를 기업의 수준과 채용 시장을 통해 풀어가야 한다는 결론에 다다랐다.

부산상공회의소의 설문조사 결과 외에도 이에 관한 통계는 충분히 차고 넘친다. 지난 대선 기간, 내가 후보자에게 쓴 보고서에는 다른 통계를 인용해서 설명했다. 지난 2020년 통계청에 따르면 부산과 울산, 경남의 청년 인구 유출이 해마다 약 3만 명이었고, 이 중 부산이 6,200명, 울산이 7,229명, 경남이 18,809

명이었다. 떠나는 이유 중 1위는 직업(일자리)이었고, 2위는 교육, 3위는 주거 환경이었다. 이 통계만 보더라도 우리는 쉽게 유추할 수 있다. 좋은 일자리가 있다면 지역 이동도 감수하겠다는 것이다. 교육은 그 범위가 매우 광범위해 보이나 결국 대부분이 대학 진학을 목적으로 한 이동이었음을 유추할 수 있다. 다시 말해, 비수도권과 수도권의 격차를 줄이는 가장 좋은 방법은 양질의 일자리를 유치하고, 질 높은 교육 환경을 조성하는 것이라는 이야기이다.

그렇다면 이를 위해 우리는 어떤 노력을 기울여야 할까? 당장 양질의 일자리 유치가 어렵다면, 미래를 생각해 수출 주력의 대기업들이 국내 물류 운송비를 걱정하지 않고 제조 후 곧바로 수출할 수 있는 국제공항을 준비해야 한다. 이를 위해서는 비수도권을 또 다시 몇몇 메가시티로 분류해서 특성화, 주력 산업을 지정하고 육성하면서 산업 생태계가 조성될 수 있도록 지원해야 한다. 또한 지역 이전 기업에 대한 법인세를 인하하고, 이미 지역에서 사업을 운영하는 기업들도 법인세를 인하해 신규 채용과 기존 채용 인원의 연봉 인상을 유도해야 한다.

일각에서는 지역 인재를 채용하는 조건으로 법인세를 인하하는 일종의 페널티를 걸자는 의견도 있지만 지난 대선 당시 후보자에게 쓴 보고서에서는 그 내용을 빼버렸다. 이유는 간단하다. 그런 조건 없이도 지역 인재가 아니면 비수도권으로 취업하려

들지 않기 때문이다. 더 쉽게 말해, 수도권에 거주하던 인력이 취업하기 위해 비수도권으로 빠져나가는 것은 매우 드문 현상이라는 것이다. 또한 한 사람이라도 수도권에서 비수도권으로 빠져나간다는 것은 반가운 일이니 역시나 페널티를 걸어둘 필요가 없었던 것이다.

부산의 인구는 직할시에서 광역시로 개편된 1995년 3,892,972명을 정점으로 단 한 번의 회복도 없이 꾸준히 감소했다. 특히나 청년 인구 유출이 심각해 7대 특별·광역시 중 최초로 '초고령 사회'에 진입했다. 고령 인구 비중이 7% 이상이고 14% 미만일 경우 고령화 사회, 14% 이상이고 20% 미만일 경우 고령 사회, 20% 이상일 경우 초고령 사회로 구분되는데, 부산은 2015년 1월 고령화 사회에 진입한 뒤, 불과 6년 8개월 만에 초고령 사회로 진입한 것이다. 다른 지역보다 부산만 유독 시간이 빠르게 흘러간 것이 아니다. 청년층이 대거 이탈하면서 평균 연령이 확 높아진 것이 이유였다.

이제 정리해 보자. 부산을 기준으로 볼 때, 부산 청년들은 취업할 만한 기업이 없어서 수도권으로 떠나버린다. 일자리를 찾아서 떠난 수도권은 범접할 수 없을 정도로 집값이 형성되어 내집 마련은 불가능해졌다. 지방엔 먹이가 없고, 서울엔 둥지가 없다. 이것이 오늘날 대한민국의 현실이다. 먹이와 둥지가 없는 새가 알을 낳을 수 있을까? 출생률이 떨어지는 것은 국가적 위기이다. 나아가 출생률은 육아 정책만으로 해결할 수 없다. 먹이도 필요하고 둥지도 필요하다. 둥지가 서울에만 몰려 있으면 그 한정된 둥지로 모든 새가 몰려들 것이고, 모두 날아가 버린 지방엔 앙상한 가지만 남아 아무도 먹을 것이 없는 폐허가 되어버린다. 이 악순환을 파격적인 정책으로라도 끊어내야 하는 것이 정치의 역할이다.

기후위기 대응을 위한 현실적 대안을 찾자

전 세계가 탄소 중립 사회로 가기 위한 준비를 하고 있다. 탄소 중립, 영어로는 넷 제로(Net Zero)이다, 여기서 네트(Net)는 '순純'의 뜻으로 배출하는 탄소의 양과 흡수하는 탄소의 양을 같게 하여 순배출량을 영(0)으로 만드는 것을 의미한다.

기후위기 문제에 대한 대응의 필요성에는 모두가 공감하지만, 그 대응의 범위와 개개인의 역할이 무엇인가에 관해서는 입장이 상이하다. 앞서 말했듯, 기후위기는 실존하는 위기와 체감되는 현실 사이의 간극이 매우 큰 문제이기 때문이다. 따라서 정당은 탄소 중립과 기후위기 극복을 위해 노력하되, 조금 더 현실적이고 체감 가능한 공약을 국민에게 제시하여 그 간극을 메워야 한다. 다시 말해, 이런 자세가 필요하다는 것이다.

국가는 국가답게 기후위기에 대응하고,
국민은 국민답게 기후위기에 대응해야 한다.

지난 대선 당시, 우리는 기후위기와 관련해 국가의 역할을 강조하는 이야기와 국민의 역할을 강조하고 동참을 호소하는 이야기를 분리했어야 했다. 국가의 역할에 관한 이야기는 대표적으로 '전력 생산' 부문을 들 수 있다. 이는 석탄, 조력, 풍력, 태양광, 원전 등 일컫는 전력 생산 방식과 생산한 전기를 송수신할 전력 네트워크 체계에 관한 이야기를 말한다. 이에 관한 공약은 쉽고 가볍게 이해할 수 있어야 한다. 예를 들어, "원전을 점차 줄여 나가고, 태양광을 도입하겠습니다"는 식의 선언적 메시지로 공약이 전달되어야 한다는 말이다.

반대로 국민의 역할에 관한 이야기는 듣는 사람들이 '어렵지 않게 동참할 수 있겠다'는 느낌을 받도록 설계되어야 한다. 대표적인 예가 전기 자동차에 관한 공약이다. 전기 자동차의 구매 유도에 있어 가장 큰 허들은 '유지 문제'이다. 인프라가 부족하기 때문이다. 내연기관 자동차처럼 손쉽게 연료를 채워 넣을 수 있어야 한다. 전국 어느 곳을 가더라도 쉽게 전기를 충전할 수 있을 때, 더 많은 사람들이 자신의 생활 패턴을 '친환경적'으로 바꿔나갈 것이다. 이와 관련해 한 전기 자동차 사용자와 나눈 심층 인터뷰 내용을 잠시 살펴보자.

> 전기 자동차를 이용하시면서 가장 불편했던 점은 무엇인가요?

크게 두 가지입니다. 우선 첫 번째로는 여전히 충전소 자체가 많지 않아요. 어디서나 쉽게 기름을 넣을 수 있는 내연기관 자동차 대비 치명적인 약점이죠. 충전소가 상대적으로 많이 구비되어 있는 곳도 점차 전기차가 늘어나면서 자리가 없는 경우가 잦아지고 있고요. 두 번째로는 충전에 시간이 오래 걸립니다. 슈퍼차저나 빠른 충전의 경우에도 완충하려면 10분이 넘어가는데요. 이 경우는 그나마 조금 낫지만 일반 충전의 경우 완충까지 10시간 가까이 걸리는 경우도 있죠.

그럼에도 불구하고 다음 차량도 전기차로 구매하고 싶으신가요?

아니요. 지금 생각은 0에 가깝습니다. 만약 전기차를 구매하게 된다면, 두 가지 요소가 필수적으로 충족되어야 할 것 같아요. 하나, 충전소가 부족함을 느끼지 않을 만큼 많을 것. 둘, 완충 속도가 10분 이내로 줄어들 것. 후자는 기술적인 영역이라 논외로 하더라도 전자는 정책적인 측면을 통해 충분히 해결 가능하지 않을까 싶네요.

위의 내용을 바탕으로 '전기 자동차 보급을 위한 대규모 충전 시설 확충'에 중점을 둔 공약을 만들 경우, 다음과 같은 방향으로 설계가 가능하다.

① 신규 아파트 건설 시 주차장의 50%는 급속 전기 충전을 할 수 있는 시설 강제

② 전국 모든 공영 주차장에 50% 이상 급속 전기차 충전 시설 확충

③ 신규 주유소 설립 시 최소 1개 이상의 전기차 충전 시설 의무화 (설치비 국고 보조 지원)

④ 전국 모든 고속도로 주차장 50% 이상 급속 전기차 충전 시설 확충(향후 5년 이내)

⑤ 신규 건축물 주차장에 50% 이상 급속 전기차 충전 시설 확충

⑥ 기존 건축물 주차장에 전기 충전소 설치 희망 시 국고 보조 대폭 지원

하지만 이 공약만으로 유권자를 설득하기는 어려운 것이 사실이다. 조금 더 본질적인 문제가 남아있기 때문이다. 지난 대선 기간으로 한정했을 때, 전기 자동차 소유자들이 가장 우려했던 것은 전력 충전 요금 할인 및 각종 국고 보조금의 폐지 문제였다. 실제로 후보자에게 보고서를 쓸 무렵이던 2021년 말 당시, 2022년 7월 전력 요금 특례 할인이 폐지될 예정으로 공고되었고, 전력 기본 요금도 폐지될 예정이었다. 이 지점은 매우 중요하다. 기후위기 대응에 동참해서 전기 자동차를 구매했다고 말하는 국민도 실상은 '저렴한 가격' 때문에 그와 같은 결정을 한 경우가 많았기 때문이다.

실제 여론조사 결과를 살펴보아도 그렇다. 친환경 자동차 전시

회 'EV 트렌드 코리아 2019' 사무국*은 지난 2019년 4월 15일부터 21일까지 방문자 508명을 대상으로 설문조사를 실시했다. 조사 결과에 따르면 방문객들은 전기 자동차를 사려는 가장 큰 이유로 저렴한 연료비(49%)를 꼽았고, 다음으로 세금 감면과 국고 보조금 등 지원 혜택(19%)을 이야기했다. 경제적인 이유가 절반을 넘었던 것이다.

지난 대선 당시, 모든 대선 후보들은 "기후재앙에 관심을 가져야 한다"며 탄소 중립을 외쳤다. 하지만 이를 해결하는 것보다 현실적인 방법은 다른 곳에 있었다. 바로 '경제의 논리' 말이다. 앞서 2019년에 이뤄진 조사 결과를 제시했지만, 이와 같은 논리는 오늘날에도 크게 달라지지 않았다. 따라서 기후위기 대응이라는 거대한 명분을 살리되, 현실적인 공약을 만들기 위해서는 전기 자동차를 말하지 않을 수 없다. 다시 말해, 전기 자동차 구매를 위한 보조금 혜택을 유지하고, 전력 충전 요금 할인 혜택을 연장한다는 등의 공약이 실질적인 반응을 이끌어 낼 수 있다는 말이다. 더불어 저공해 자동차를 대상으로 터널 통행료를 면제해 주거나, 공영 주차장 요금을 할인해 주는 등의 추가적인 정책도 충분히 고려해봄직 하다.

지난 대선 당시, 보고서를 작성하며 『전기차 사용자가 전해주

* "전기차 구매 주된 이유는 저렴한 연료비·보조금 혜택", 연합뉴스(2019. 4. 26)

는 전기차 이야기』(김성태, 김재진, 심언 저)라는 책의 인터뷰 내용을 함께 첨부해 후보자에게 전달했다. 그 내용은 다음과 같았다.

> 여성들 역시 전기차에 대한 매력을 느끼고 있다. (중략) "내 연기관차를 몰 때보다 마음이 편해요. 엔진이 없으니 엔진오일, 부동액을 안 챙겨도 되고 타이어 공기압 체크 말고는 차 관리를 안 해도 되니까요. 게다가 스마트폰으로 차량 체크도 쉽게 할 수 있고 많은 면에서 달라졌어요."

당시 내가 이 내용까지 후보자에게 보낸 이유는 간단하다. 거대한 기후위기 문제를 이야기할 때, 우리 생활에서 동참할 수 있는 방법을 이야기하는 것은 물론 전기차가 가진 의외의 매력 포인트까지 말해준다면 이 분야에 관심을 가진 사람들의 공감을 조금 더 쉽게 얻을 수 있다고 생각했기 때문이다.

그럼 다시 앞으로 돌아가 기후위기에 관한 '국가의 역할'에 대해 논해보자. 즉, '전력 생산'에 관한 이야기를 해보자는 말이다. 먼저 문재인 정권에서 발표한 내용을 살펴보자. 문재인 정부는 지난 2019년 6월 3차 에너지 기본 계획[**]을 통해 2050년 탄소

[**] "제3차 에너지기본계획 최종 확정", 산업통상자원부(2019. 6. 4)

중립을 목표로 잡았다. 원전과 석탄을 대폭 감축하기로 했지만, 완벽한 탈원전은 2085년으로 설정해두었다. 다시 말해, 탈원전을 외친 문재인 정권도 우리가 현실적으로 2085년까지 원전과 공존할 수밖에 없음을 인정한 것이다.

더불어 2017년 6월 27일에 문재인 정부는 신고리 5·6호기 공론화위원회 구성을 발표했다. 그리고 얼마 뒤인 8월 24일 한국리서치컨소시엄을 조사 기관으로 선정했고, 1차 전화조사를 통해 무려 2만 6건의 응답을 받았다. 약 보름 뒤인 9월 11일에는 500명의 시민참여단을 선정했고, 9월 16일에는 그 500명 중 478명이 천안 계성원에서 오리엔테이션을 받았다. 그 후 2차, 3차, 4차 조사를 거치며 종합 토론회를 개최했고, 89일간의 대장정 끝에 공론화위원회는 신고리 5·6호기 건설 재개를 권고했다. 이를 두고 '숙의 민주주의의 실험이다'부터 '국가 에너지 정책을 국민에게 무책임하게 맡겨두었다', '빠져나가기 위한 일종의 출구 전략이었다'와 같은 다양한 의견이 터져 나왔다. 하지만 어찌되었든 당시 국민들도 '원전을 하루아침에 폐기하는 것은 불가능하다'는 입장을 택했다는 사실은 변하지 않았다.

국민들은 여전히 원전이 두려우면서도 과연 원전 이외의 '전력 대안'이 있는가에 대한 의문을 완전히 씻어내지 못했다. 나역시 후쿠시마 사태로 인한 원전의 위험을 잘 알고 있으면서도 과연 원전 없이 전력 수급이 가능할까에 대한 의문이 남아있었다. 대선 후보는 이 부분을 해소해 주었어야 했다. 여기서 중요한 포인트는 에너지 정책은 의지의 문제가 아니라 신뢰의 문제라는 것, 그리고 막연히 해야 한다는 당위보다는 어떻게 하겠다는 로드맵을 제시해야 한다는 것이었다.

먼저 문재인 정부의 로드맵을 살펴보자. 지난 2021년 8월 5일, 대통령 소속 2050 탄소중립위원회는 〈2050년 탄소 중립 시나리오 초안〉을 발표했다. 크게 3개 안이 제시됐다. 1안은 50년 기준 수명을 다하지 않은 석탄발전소 7기에 한하여 가동을 유지하되, 이산화탄소 포집, 저장, 활용 기술을 적극 적용하여 순배출 제로화하는 안이었고, 2안은 석탄발전소 7기의 운영은 중단하고 LNG 발전은 유연성 전원으로 활용하되, 이산화탄소 포집, 저장, 활용 기술을 적극 적용하여 순배출 제로화하는 안이었다. 마지막 3안은 석탄발전소 및 LNG 발전을 전량 중단하는 것이었다.

이와 더불어 부족한 전력 발전량을 재생에너지 이용 확대를 통해 해결하고자 했다. 하지만 설치 장소 확보가 관건이었다. 당시 위원회는 태양광 발전을 위한 토지 면적이 전 국토의 3퍼센트 내외가 될 것으로 추정했다. 참고로 전 국토의 3퍼센트는 대략 3,000제곱킬로미터이다. 서울의 면적은 605.2제곱킬로미터이니, 서울 면적의 5배에 달하는 면적이 확보되어야 한다는 이야기라 할 수 있다. 당연히 가능성에 의문이 붙을 수밖에 없다.

나아가 태양광 발전을 하기 위해 서울의 5배나 되는 지역에

태양광 패널을 설치하면 그곳에 형성된 숲과 나무는 사라져야 한다. 환경을 위해 또 다른 환경을 훼손하는 것이 과연 '그린(Green)'이라는 단어에 어울리는 것일까 하는 생각을 지우기 어렵다. 중국이나 미국, 러시아처럼 드넓은 영토가 있고, 버려진 땅이나 다름없는 곳이 많다면 무관하겠지만 안타깝게도 우리는 그렇지가 않다. 효율을 따질 수밖에 없는 국토 면적을 가지고 있다는 말이다.

그렇다면 원자력 발전은 어떨까? 마이크로소프트의 창립자이자 오랜 기간 기후 문제를 해결하기 위해 노력해 온 빌 게이츠는 『빌 게이츠, 기후재앙을 피하는 법』에서 'Our World in Data'* 통계를 근거로 원자력 발전 테라와트시당 사망 사고 비율이 석탄 발전과 화력 발전 대비 압도적으로 낮다고 말하고 있다. 하지만 그렇다고 해서 무작정 '친원전주의적' 정책을 내세울 수는 없는 노릇이다. 한두 번의 사소한 실수로도 대형 재해를 일으킬 수 있는 방식이 바로 원자력 발전이기 때문이다.

지난 대선 당시, 나는 이러한 위험성을 강조하기 위해 후보자에게 미국 HBO에서 제작한 〈체르노빌〉이라는 드라마를 소개했다. 나는 후보자에게 총 5편이지만 시간을 내 처음부터 끝까

* https://ourworldindata.org

지 보시길 정중히 권해드리고 싶다고 말했다. 이유는 간단하다. 원전 폭발의 참혹성과 함께 체르노빌 사태 이후 소련이 택할 수밖에 없었던 사후 처리 과정을 꼭 알리고 싶었기 때문이다. 방사능 유출로 모든 기계가 멈췄을 때, 사람이 직접 들어가서 목숨을 걸고 그 잔해를 처리하는 장면 묘사가 매우 잘 되어 있다. 분명 사람이 처리했는데 사람이라 표현하지 않고 바이오 로봇이라고 표현했다. 어처구니없는 일이다. 또한 체르노빌은 기술 문제도 있었지만, 결국은 '제대로 된 보고'를 하지 않은 인재(人災)였다는 것도 잘 보여주고 있다. 아무리 안전한 원전 기술이 있다 해도 그것을 운용하는 것이 결국 사람이라면 원전의 위험은 늘 도사리고 있는 것이다.

가성비도 좋고, 전력 밀도도 좋으며, 타 발전 방식에 비해 사망 사고 비율까지 현저히 낮은, 심지어 온실가스도 거의 배출하지 않는 원자력 발전 방식을 우리가 쉽게 버릴 수 없었던 이유가 바로 여기에 있다. 하지만 체르노빌처럼 일본의 후쿠시마처럼 문제가 한 번이라도 발생하면, 그동안 누려온 안전함과 효율은 무의미해진다. 심지어 그 땅도 최소 몇십 년에서 몇백 년간 버려진 채로 내버려둘 수밖에 없다. 상대적으로 작은 영토를 가진 대한민국의 특성상 이 또한 막대한 타격으로 돌아올 수밖에 없는 것이다.

그렇다면 지난 대선에서 이재명 후보는 어떻게 하는 것이 좋았을까? '탈원전이냐, 아니냐'를 넘어섰어야 했다. 당시 국민의 힘은 민주당을 '무리한 탈원전을 주장하는 세력'으로 규정하는 프레임을 짜고 대선 초기부터 몰아붙였다. 2021년 6월 29일 정치 선언을 한 당시 윤석열 전 검찰총장이 7월 6일 카이스트 원자핵공학과 전공 학생들과 만나 "무리한 탈원전 정책이 재고되어야 한다"고 언급한 것이 대표적인 예이다. 여기서 맞대응하기보다는 '석탄과 화력 발전을 어떻게 줄일 것인지가 훨씬 더 시급한 문제'라고 이야기했어야 한다. 더불어 문재인 정부 초반에 시행된 신고리 5·6호기 공론화위원회의를 사례로 들며 민주당 역시 무리한 탈원전을 할 생각도, 현실적으로 할 수도 없다고 말하며 치고 나갔어야 했다.

위와 같은 내용을 담은 보고서 말미에는 추가적으로 참고할 만한 환경 관련 내용을 함께 첨부했다. 대표적인 예가 '그리드'에 관한 문제다. 인류학자이자 독일 훔볼트대학교의 인간·환경시스템변화 통합연구소 초빙교수인 그레천 바크의 책 『그리드』에 따르면 그리드는 '네트워크와 함께 전기를 공급하기 위해 설치된 선로 및 관련 시스템 전반'을 의미한다. 하지만 이를 단순한 전선망이라고 보아서는 안 된다. 이는 전기를 생산하고 운반하고 배분하는 거대한 네트워크 체계이기 때문이다. 마치 우리 몸의 혈관처럼, 끊임없이 흐르면서도 완벽한 균형을 유지해야 하는 예민한 시스템이다. 이 균형이 무너지면 어떻게 될까? 미국의 사례는 우리에게 중요한 교훈을 준다.

미국의 한 지역에서 갑작스러운 강풍으로 원자력발전소 2기에 맞먹는 전력이 생산된 적이 있다. 언뜻 듣기에는 반가운 소식 같지만, 이는 심각한 기술적 도전을 수반한다. 전기는 생산되는 즉시 소비되어야 하는 특성을 가지고 있다. 대규모 저장이 현실적으로 불가능한 상황에서, 갑자기 밀려드는 전력을 어떻게 처리할 것인가? 이웃 지역으로 보내려 해도 그쪽에서 수용할 여력이 없다면? 이는 단순한 가정이 아닌 실제 발생할 수 있는 시나리오다.

더욱 복잡한 것은 재생에너지의 변동성이다. 풍력발전은 바람이 불 때만, 태양광은 해가 떠 있을 때만, 수력은 물이 충분할 때만 가동된다. 이러한 불확실성은 안정적인 전력 공급을 위협한다. 발전소를 마음대로 켜고 끌 수 있다고 생각하는 것은 위험한 발상이다. 전력 시스템은 생명유지장치와 같아서, 잠시라도 멈춰서는 안 되기 때문이다.

우리는 이러한 맥락에서 기존의 탄소중립 관련 공약을 다시 보게 된다. "화석연료를 모두 재생에너지로 교체하겠다"는 선언은 귀에 달콤하지만, 현실성이 결여된 약속일 수 있다는 말이다. 진정한 리더십은 이상과 현실 사이의 간극을 인정하고, 그것을 메우기 위한 구체적인 방안을 제시하는 데서 시작된다.

나는 전문가가 아닌 일반 시민도 기본적인 조사만으로 파악할 수 있는 이러한 기술적 도전과제들을 대통령 후보라면 더욱 깊이 이해하고 있어야 한다고 생각했다. 그것이야말로 진짜 '미래'를 대비하는 대통령다운 자세라고 생각했기 때문이다. 그 일환으로 보고서의 마지막 부분에는 연설문이나 또는 토론회 등을 통해 직접 언급하시길 바라는 글을 제안하기도 했다. 해당 내용은 그대로 첨부한다.

2025년까지 전기 자동차 국고 보조금을 연장하겠습니다. 기후변화는 이미 현재 진행형이며, 기후재앙이라 표현하는 것이 더 정확할 것입니다. 지구에게 남은 시간은 고작 2℃입니다. 이를 극복하기 위해 친환경 시대로의 전환을 빠르게 유도할 수 있는 정책을 내놓겠습니다.

첫째, 전기 자동차의 국고 보조금을 2025년까지 확대해 전기 자동차의 비율을 대폭 늘리겠습니다. 이를 뒷받침하기 위해 전기 자동차 인프라 구축에 힘쓰겠습니다.

① 전기 자동차의 충전 방식은 쉽게 완속과 급속이 있습니다. 오랫동안 머물 수 있는 주거지와 아파트, 회사 건물 등에는 완속 충전기가 50% 이상 구축될 수 있도록 지원하겠습니다. 또한, 새로 지어지는 신규 아파트와 공공기관을 중심으로는 설계 자체를 50%로

규정할 수 있도록 하겠습니다.

② 고속도로와 공영 주차장 등 오래 머무를 수 없는 곳에는 급속 충전기 중심으로 설치를 하되, 이 역시 50% 이상 확충할 수 있도록 시스템을 정비하겠습니다.

③ 여기에 더해, 전기 충전 장치를 설치하고자 하는 어떤 곳도 지원만 하면 수요를 점검해보고 보조금을 지원할 수 있도록 해 내연기관 자동차에서 뿜어져 나오는 탄소 배출량을 최대한 줄이도록 노력하겠습니다.

④ 전기 충전 요금 특례 할인을 2025년까지 다시 연장하겠습니다. 조만간 폐지될 전기 특례 할인이 사라지면 구매와 동시에 차량 유지비에 대한 메리트가 떨어질 수 있습니다. 이렇게 될 경우 전기 자동차를 사고 싶어도 유지비 때문에 다시 고민하는 국민들이 계실 겁니다. 한시적이지만, 다시 2025년까지 연장해 유지비를 대폭 절감할 수 있도록 하겠습니다.

④-1, 현재 전기 충전 요금이 환경부와 한전, 그리고 일반 기업이 운영하는 기계에 따라 가격이 천차만별입니다. 이 금액을 2025년까지 최대한 정부가 일정하게 유지시킬 수 있도록하겠습니다. 환경부와 한전은 일반 기업이 아니기 때문에 흔히 말하는 중간 마진을 남기지 않지만 일반 기업의 제품들은 그렇지 않습니다. 따라서 소폭 가격이 높아질 수 있는데 이 부분을 정부가 보조하겠습니다. 그 대신 기업의 영업 손실 부분은 세금 감면을 통해 보상하도록 하겠습니다.

④-2, 카드에 따라서 결제가 될 때도 있고, 되지 않을 때도 있습니다. 먼저 결제 시스템을 통합해서 마치 자판기에서 음료수를 뽑아 먹듯이 가지고 있는 모든 카드나 결제 시스템을 활용할 수 있도록 결제의 편의성을 높이겠습니다.

⑤ 폐배터리 문제를 해결을 위한 전담 기구를 설치하겠습니다. 내연 기관 자동차를 폐차할 경우에도 폐차장이 따로 있어 쓰지 못하

는 엔진과 부품들을 처리하고 재활용할 수 있는 부분들은 다시 처리하고 있습니다. 전기 자동차가 주류가 된 세상에서는 더 이상 사용하기 어려운 폐배터리 문제가 새로운 쓰레기 문제로 떠오를 것입니다. 전담 기구를 설치해 이 부분을 효과적으로 처리할 수 있도록 미리 준비해두겠습니다.

⑥ 수소 자동차를 대폭 확대하겠습니다. 현재 우리가 말하는 전기 자동차는 정확히는 배터리 전기 자동차로 휴대폰과 똑같이 전기를 충전해서 쓰는 방식입니다. 반면, 수소 자동차는 수소를 주입해 전기를 발생시키며 운행하기에 더 멀리 가기 위해, 또 더 많이 싣기 위해 배터리를 더 많이 탑재할 필요가 없습니다. 따라서 일정 기간 동안 수소 자동차와 전기 자동차는 공존할 수밖에 없습니다. 장거리, 무거운 운송에 적합한 것은 모두 수소 자동차로 바꾸기 위해 준비하겠습니다.

먼저 화물 운송을 수소 자동차로 담당하게 될 경우, 지역을 넘나드는 고속도로를 이용할 가능성이 매우 높습니다. 따라서 전국 모든 고속도로 휴게소에 수소 충전소 설치를 의무화해서 수소 자동차 전환율을 높이도록 하겠습니다.

이와 더불어 민간 상용차에 대한 수소 충전도 용이하게 하기 위해 수소 충전소를 대폭 확충하겠습니다. 먼저 수소 충전소 부지를 마련하고, 부지 마련이 어려운 곳이라면 시도별로 주유소에 수소 충전 시스템 설치를 유도하고 정부가 설치 보조금을 지원한다면 높아지는 상용 수소 자동차에 대한 수요도 충분히 감당할 수 있을 것입니다.

⑥-1, 시내버스와 고속버스를 중심으로 수소 자동차를 보급하고, 대형 화물 운송도 수소 자동차로의 전환을 유도하겠습니다. 이를 위해 전국 모든 고속도로에 수소 충전소를 설치해 언제든지 수소를 충전할 수 있는 인프라를 구축하겠습니다. 수소 충전은 전기와 달리 내연기관 연료 주입과 거의 비슷한 시간으로 충전할 수 있어

연료 충전에 전기 자동차만큼의 오랜 시간이 필요하지 않습니다. ⑦ 제로하우스를 대폭 도입하겠습니다. 탄소 중립 사회로 나아가기 위해서는 자동차만 바꾸어선 안 됩니다. 우리 사회의 근간을 바꾸어 나가야 합니다. 이를 위해 자체적으로 전력 생산이 가능하고 내부의 에너지가 외부로 유출되는 것을 막아줄 '에너지 제로 하우스' 형태를 대폭 도입하겠습니다. 현재로서는 이 건축 설비가 비용이 많이 들어 도입된 곳이 많지 않습니다.

민간 기업은 이익이 남는 곳에 효율을 따져가며 접근하지만, 정부는 효율을 생각하면서도 사회적 비전과 미래 발전 방향이 이익이라 여기며 움직여야 한다고 생각합니다. 따라서 향후 2050년까지 지어질 새로운 공공기관의 건물에 제로하우스를 도입할 수 있도록 하겠습니다. 학교와 구청, 시청이나 도청 역사, 공공 도서관 등 공공기관이 담당하고 있는 건물들이 많습니다. 이 분야에 정부가 나서서 탄소 중립 사회를 구축하기 위해 노력하겠습니다.

나는 앞서 에너지 정책은 의지의 문제가 아니라 신뢰의 문제라는 것, 막연히 해야 한다는 당위보다는 어떻게 하겠다는 로드맵을 제시해야 한다고 주장했다. 우리에겐 시간이 정말 얼마 남지 않았다. 모두가 2050년을 이야기한다. 결코 먼 미래가 아니다. 지금으로부터 고작 25년 뒤에 불과하기 때문이다. 한국의 대통령을 넘어 전 세계를 살리는 지도자가 되기 위해선 기후위기에 대해서만큼은 '빠삭하게' 알고 있어야 한다. 물론, 이를 위해 민주당 역시 많은 전문가의 이야기를 경청하고, 현실적인 대안을 찾기 위해 더욱 노력해야 할 것이고 말이다.

통일과 통이(統二)를 함께 생각하자

"통일이요? 지금 당장 먹고 살기도 바쁜데요."

2020년대 청년들의 입에서 자주 들리는 이 말은, 한반도의 미래를 둘러싼 세대 간 인식 차이를 적나라하게 보여준다. 한때 민족의 지상과제로 여겨졌던 통일은 이제 젊은 세대에게 낯선 숙제가 되어버렸다. 이러한 변화는 단순한 무관심이 아닌, 새로운 시대정신의 반영이다.

통일 담론은 이제 현실적 재구성이 필요한 시점이다. 2018년 평창 동계올림픽의 '남북 아이스하키 단일팀' 논란은 이러한 세대 간 인식 차이를 극명하게 보여준 사례다. 기성세대가 이를 감동적인 화합의 상징으로 바라봤다면, MZ세대는 개인의 노력과 기회를 희생양으로 삼는 강압적 결정으로 받아들였다.

이러한 인식의 간극은 단순히 세대 차이로 치부할 수 없는 근본적인 가치관의 변화를 시사한다. 기성세대에게 통일은 '당위'였지만, 젊은 세대에게는 '선택'의 문제다. 이들에게 통일은 비용과 편익을 따져봐야 할 정책적 과제일 뿐이다. 청년들이 통일에 회의적인 이유는 명확하다. 취업난, 주거비, 물가 상승 등 당면한 생존의 문제가 산적한 상황에서, 막대한 통일 비용을 감당해야 한다는 전망은 달갑지 않은 부담으로 다가온다.

더욱이 북한을 바라보는 시각도 변화했다. 과거 '이산가족'이라는 정서적 유대가 강했던 것과 달리, 지금의 청년들에게 북한은 그저 위협적인 이웃 국가일 뿐이다. 핵실험과 미사일 도발이 일상화된 상황에서, '한민족'이라는 정서적 호소는 더 이상 설득력을 갖지 못한다.

현재 청년 세대의 대북관은 세 가지 특징을 보인다.

첫째, 개인의 노력에 대한 정당한 보상을 중시한다. 막연한 대의명분을 위한 희생을 거부하는 것이다.

둘째, 실력과 성과를 무시하는 권위주의적 태도에 강한 거부감을 표출한다.

셋째, 1국가 1체제라는 전통적 통일관에서 벗어나 2국가 2체제의 평화로운 공존을 지향한다.

이러한 인식 전환은 결코 가벼운 것이 아니다. 개성공단의 폐쇄를 유년기에 목격하고, 금강산 관광을 역사책에서만 배운 세대가 성장했다. 이들에게 통일은 더 이상 민족적 당위나 역사적 사명이 아닌, 하나의 정책적 선택지에 불과하다. 주식이나 가상

화폐는 그래도 반등을 기대할 수 있지만, 남북관계는 그 전망조차 불투명하다는 냉정한 판단이 깔려있다.

여기서 주목할 것은 이들이 단순히 통일을 거부하는 것이 아니라는 점이다. 오히려 더 현실적이고 구체적인 대안을 모색하고 있다. EU와 같은 느슨한 연합체제를 통해 평화로운 공존을 추구하자는 제안이 대표적이다. '하나의 국가'라는 강박에서 벗어나, 자유로운 왕래와 교류만으로도 충분하다는 인식이다.

이러한 맥락에서 우리는 '통이'라는 새로운 개념에 주목해야 한다. 이는 단순한 언어유희가 아니라, 패러다임의 전환을 함축한다. 하나가 되어야 한다는 강박에서 벗어나, 서로 다른 두 체제가 평화롭게 공존할 수 있다는 발상의 전환이다. 통일부를 평화협력부로 재편하자는 제안 역시 같은 맥락에서 이해할 수 있다.

물론 이러한 변화는 기성세대에게 적지 않은 충격일 수 있다. 분단 극복이라는 시대적 과제를 포기하는 것처럼 보일 수도 있다. 그러나 이는 오히려 더 성숙한 접근이다. 현실을 직시하고, 실현 가능한 목표를 설정하며, 그 과정에서 개인의 삶과 가치를 존중하는 태도야말로 진정한 평화를 향한 첫걸음이 될 수 있다.

더구나 이러한 인식 전환은 국제적 흐름과도 부합한다. 냉전시대의 이분법적 통합론이 아닌, 다양성을 인정하는 공존의 패러다임이 세계적 추세다. 청년 세대의 현실 인식은 오히려 이러한 시대정신을 정확히 포착하고 있는 것일 수 있다.

결국 우리에게 필요한 것은 고정관념에서 벗어나는 용기다. '통일'이라는 단일한 목표를 넘어, 다양한 가능성을 열어두는 유연함이 필요하다. 하나가 되기 위한 통일이 아닌, 둘이 공존하는 통이를 향해 나아가는 것. 그것이 새로운 세대가 제시하는 미래의 청사진이다.

천장을 향해 오를 사다리를 만들자

IMF 세대는 말한다.

"우리는 나라가 경제적으로 파산 선고를 받았는데, 그런 경험도 없는 너희는 뭐가 힘드냐"

IMF로 온 나라 경제가 박살났었기 때문에 틀린 말이 아니다. 상황이 이렇다 보니, 전쟁 직후 세대들의 이야기까지 들을 필요도 없다. 마치 군대를 다녀온 사람들이 각자 자기 군대 생활이 가장 힘들었다고 말하듯, 모두 자신의 세대가 가장 힘들었다고 말한다. 따라서 합리적이고 경제적인 수치를 들이밀어도 마지막엔 감정의 영역이 포함되기 때문에 어떤 세대가 청년 시기에 이 나라 한반도에서 가장 힘들었다고 말하기 어렵다. 다만, 몇 가지 이유로 인해 현재의 청년 세대가 정말로 '쉽지 않다'는 것만큼은 말하고 싶다. 그 이유는 크게는 두 가지다. 하나는 부모 자산의 격차로 인한 기회의 불평등, 또 하나는 SNS의 등장이다.

먼저 첫 번째 이유인 '부모 자산의 격차로 인한 기회의 불평등'

에 대해 살펴보자. 과거 IMF 외환위기나 전후 재건기의 고난이 모두에게 평등했다면, 오늘날의 위기는 철저히 불평등하다. 부모의 자산이 자녀의 운명을 결정하는 시대가 되었다. 이는 단순한 경제적 격차를 넘어 기회의 불평등으로 이어진다. 실패해도 다시 일어설 수 있는 사회안전망은 부모의 자산이 되었고, 이는 청년들의 도전 정신마저 좌절시키고 있다.

더욱 아이러니한 것은 대한민국의 국격 상승이다. 2021년 UNCTAD는 우리나라를 개발도상국에서 선진국 그룹으로 승격시켰다. 1964년 이후 최초의 사례. G7 정상회담 초청국이 된 것도 국가 위상을 보여주는 상징적 사건이었다. 하지만 이러한 국가적 성취가 개인의 행복으로 이어지지 않는다는 것이 오늘날 청년들의 뼈아픈 현실이다.

국가는 성장했지만, 그 성장의 과실이 모든 구성원에게 고르게 분배되지 않는다는 점이 문제다. 오히려 성장 과정에서 발생한 부의 편중이 다음 세대로 이전되면서, 출발선부터 현격한 차이가 나는 불공정한 경주가 되어버렸다. 이는 마치 엘리베이터를 타고 올라가는 사람과 계단을 걸어 올라가는 사람의 차이와도 같다.

특히 우려되는 것은 실패의 대가가 너무 크다는 점이다. 청년기 초반의 실패나 좌절이 평생의 족쇄가 되는 현실에서, 도전은 사치가 되어버렸다. 안정을 추구하는 것이 비난받을 일은 아니지만, 그마저도 특권이 되어버린 현실이 우리 사회의 역동성을 갉아먹고 있다. 이러한 현상은 단순히 개인의 불행으로 그치지 않는다. 사회의 활력이 저하되고, 혁신의 동력이 약화되며, 결국 국가 경쟁력의 하락으로 이어질 수 있다. 세계 10위권 경제 대국이라는 허상 속에서, 우리는 미래의 성장 동력을 서서히 잃어가고 있는지도 모른다.

두 번째 이유인 'SNS의 등장' 또한 청년 세대를 절망 속으로 밀어넣고 있기는 마찬가지이다. 스마트폰 화면 속 세상은 늘 화려하다. 누군가의 호화로운 저녁 식사, 이국적인 휴양지, 최신 명품으로 가득한 일상이 끊임없이 흘러든다. 반면 현실의 내 모습은 어떠한가. 한 달 내내 아르바이트로 번 돈으로 겨우 삼겹살 한 접시를 앞에 두고 있다. 그리고 그 순간에도 누군가는 특급호텔에서 10만 원짜리 디저트를 '인증'하고 있다.

과거의 위기는 적어도 '함께' 겪는 고통이었다. 한국전쟁 이후나 IMF 외환위기 때도 대부분의 사람들이 비슷한 하늘 아래서 비슷한 시름을 안고 살았다. 물론 그때도 잘 사는 이들은 있었지만, 그들의 일상은 지금처럼 실시간으로 전시되지 않았다. 페이스북이 일반인에게 개방된 것은 2006년, 인스타그램이 등장한 것은 2010년의 일이다. SNS가 한국 사회를 본격적으로 지배하기 시작한 것은 불과 2015년 이후의 일이다.

문제는 이러한 SNS 플랫폼들이 우리가 굳이 알지 않아도 될 타인의 삶을 끊임없이 들여다보게 만든다는 점이다. 더구나 그곳에 전시되는 삶의 단면들은 대부분 과장되고 각색된 것들이다. 현실에서는 존재하지 않는 완벽한 순간들의 연속. 그것이 바로 SNS가 만들어내는 허상의 세계다.

이러한 '전시적 소비'의 시대에서 상대적 박탈감은 더욱 날카로워진다. IMF 시절 '길거리에 차가 없어 다니기 편하다'던 부자들의 냉소적인 농담은 이제 실시간 인증을 통해 더욱 적나라하게 드러난다. '나는 힘들지 않다'는 과시가 24시간 내내 업데이트되는 시대. 같은 하늘 아래 살아가고 있지만, 우리는 전혀 다른 세상을 보고 있는 듯하다.

이러한 현상은 단순한 불편함을 넘어 사회적 단절과 분열로 이어질 수 있다. 실제 소득 격차보다 더 큰 심리적 격차가 만들어지고 있기 때문이다. 허상의 세계에서 비롯된 상대적 박탈감은 현실의 불평등보다 더 큰 상처를 남긴다. 그것은 마치 천장이 무너져 내리는 듯한, 압도적인 무력감으로 다가온다.

코인 투자에 관한 문제도 마찬가지이다. 지난 2022년 7월, 윤석열 정부가 발표한 '코인 영끌족' 이자 감면 정책을 둘러싼 20대들의 반발은 단순한 세대 갈등이나 정책 비판을 넘어선다. 이는 우리 사회가 마주한 '공정'이라는 가치의 본질적 딜레마를 드러내는 상징적 사건이다.

한 청년은 매달 20만 원씩 절약해 100만 원을 코인에 투자했고, 다른 청년은 1,000만 원을 대출받아 투자했다. 시장이 상승하면 후자가 10배 많은 수익을, 하락하면 10배 큰 손실을 보게된다. 정부는 후자를 구제하겠다고 나섰다. 하지만 이런 구제책이 과연 공정한가?

우리는 여기서 두 가지 상반된 공정의 개념과 마주한다. 하나는 실패한 이들을 보듬어 안아야 한다는 포용적 정의고, 다른 하나는 각자의 선택에 따른 결과를 온전히 책임져야 한다는 응보적 정의다. 전자는 사회적 안전망의 철학이고, 후자는 자기책임의 원칙이다.

특히 주목할 점은 이번 사태를 바라보는 20대들의 시선이다. 이들이 보여준 격렬한 반발은 단순히 정책의 형평성 문제를 넘어선다. 이는 한정된 자원을 두고 벌이는 치열한 생존 게임에서, 위험을 감수하고 큰 승부수를 던진 이들을 국가가 특별 대우하는 것에 대한 근본적인 문제 제기다. 이들의 분노 지점을 이해해야 청년들의 마음을 제대로 이해할 수 있다.

배고픔보다 배 아픔을 더 견디기 힘들다. 땅은 꺼져가고 있는데 천장은 터져 있다. 이 상황에서 'SNS를 끊어내라'거나 '남들과 비교하지 말고 살라'는 이야기는 결코 해답이 될 수 없다. 정치는 이러한 현실의 괴리를 어떻게 하면 제도적, 정책적으로 줄여나갈 수 있을지 고민해야 한다. 내가 딛고 있는 땅이 꺼져가는 것을 막고, 천장으로 올라설 수 있는 사다리를 복원시키자고 외

쳐야 한다. 민주당이 그 역할을 앞장서서 할 수 있음을 공허한 메시지가 아닌 '정책'으로 보여주어야 한다. 청년들이 다시금 희망을 꿈꾸게 해야 한다. 그것이 민주당이 더 많은 청년 세대의 지지를 받는 일이자, 대한민국이 재도약하는 가장 빠른 길이다.

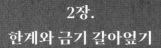

2장.
한계와 금기 갈아엎기

정당의 정체성은 시대와 함께 진화한다. 고정된 이념의 틀에 갇혀있는 순간, 그 정당은 화석이 되어 국민의 삶과 유리된다. 지난 2월, 이재명 대표의 '중도보수' 발언이 촉발한 논쟁은 한국 정치에서 '진보'가 무엇을 의미하는지, 또 어떻게 재정의되어야 하는지에 대한 근본적 질문을 던진 사건이었다.

전통적으로 진보는 변화와 개혁을, 보수는 안정과 전통을 추구한다고 여겨져 왔다. 그러나 21세기의 복잡다단한 사회에서 이러한 이분법은 더 이상 유효하지 않다. 오히려 진정한 진보의 길은 변화와 안정의 균형점을 찾아가는 지난한 여정에 가깝다. 이재명 대표가 '중도보수'를 언급한 것 또한 이러한 시대적 맥락에서 이해될 필요가 있다.

현대 사회에서 진보 정당의 역할은 단순히 기존 질서에 대한 저항이나 급진적 변화의 추구가 아니다. 오히려 다양한 계층의 이해관계를 조정하고, 사회적 합의를 도출하며, 지속가능한 발전의 토대를 마련하는 것이다. 이는 때로는 보수적 가치로 비춰질 수 있는 안정과 질서의 존중도 포함한다.

특히 주목할 점은 진보 정당이 더 이상 특정 계층이나 이념의 대변자로 머물 수 없다는 현실이다. 양극화가 심화되고 사회적 균열이 다층화되는 상황에서, 진보 정당은 보다 포용적이고 통합적인 비전을 제시해야 한다. '서민을 위한 정당'이라는 정체성은 유지하되, 그 외연을 확장하여 다양한 사회계층의 목소리를 수용할 수 있어야 한다.

더욱이 기후위기와 세계정세의 급격한 변화, 인구구조 변동 등 우리 사회가 직면한 주요 과제들은 더 이상 전통적인 진보와 보수의 구도로 해결될 수 없다. 이러한 도전들은 이념을 넘어선 새로운 사회적 합의와 혁신적 해법을 요구한다. 민주당은 이러한 시대적 요구에 부응하여, 보다 유연하고 실용적인 접근법을 채택할 필요가 있다.

이 장에서는 그동안 민주당이 스스로 틀에 갇혀 해결하기를 주저했던 다섯 가지 한계와 금기를 제시하고, 이를 어떤 방향으로 변화시켜야 할지 논했다. 한계를 깨는 일은 분명 어려운 일이다. 하지만 이를 깨고 앞으로 나아갈 때, 민주당은 보다 많은 이들의 공감을 얻고 선택받는 정당이 될 수 있을 것이다.

이제 과학고를 말하자

우주 산업이 미래 먹거리라는 말이 공허하게 울린다. 누리호 발사 성공으로 우주 강국의 꿈을 키우는 우리나라지만, 정작 그 꿈을 이어갈 인재 양성의 길은 안개 속이다. 특히 비수도권 학생들에게 양질의 과학 교육은 여전히 먼 나라 이야기다. 이제는 과학고 문제를 정치적 금기가 아닌 국가 경쟁력의 관점에서 재조명해야 할 때다.

교육의 평등과 수월성은 오랫동안 팽팽한 줄다리기를 해왔다. 민주당을 비롯한 진보 진영은 과학고를 엘리트 교육의 상징으로 보고 비판해왔지만, 이는 결과적으로 국가 발전의 현실적 요구를 외면한 것이기도 했다. 미국이 H-1B 비자 등을 활용해 전 세계의 인재를 끌어모으는 동안, 우리는 자체적인 인재 육성의 기회를 스스로 제한하고 있었다는 말이다.

수도권과 비수도권의 교육 격차는 더욱 심화되고 있다. 서울의 대학 쏠림 현상은 고착화되었고, 지방의 우수 인재들은 어린 나이부터 서울행을 꿈꾼다. 이러한 상황에서 과학고의 전략적 배치는 오히려 지역 균형 발전의 해법이 될 수 있다. 비수도권에 특성화된 과학고를 설립하고, 우주·항공 등 미래 산업과 연계한 교육과정을 도입한다면, 지역의 젊은 인재들에게 새로운 기회의 창을 열어줄 수 있다.

영화 〈탑건〉이 미 공군 지원율을 270% 끌어올린 사례는 시사하는 바가 크다. 명확한 비전과 진로가 제시될 때 젊은이들의 도전 의식은 배가된다. 우주 산업을 이끌어갈 인재들도 마찬가지다. 항공우주연구원이라는 목표가 있다면, 그곳으로 가는 길목에 체계적인 교육 시스템이 마련되어야 한다.

글로벌 경쟁은 이미 시작되었다. 다른 나라들이 우리의 추격을 기다려주지 않는다. 대학 단계에서의 교육으로는 이미 늦다. 고교 과정부터 전문성을 키워야 하는 이유다. 과학고는 단순한 엘리트 교육기관이 아닌, 국가 경쟁력 강화를 위한 전략적 교육 인프라로 재정의되어야 한다.

이제는 과학고를 둘러싼 이념적 논쟁에서 벗어나, 실용적이고 미래지향적인 논의를 시작해야 한다. 평등이라는 가치는 중요하지만, 그것이 국가 발전의 발목을 잡는 족쇄가 되어서는 안 된다. 비수도권 과학고의 확대는 지역 균형 발전과 국가 경쟁력 강화라는 두 마리 토끼를 잡을 수 있는 현실적 대안이다.

우리에게 필요한 것은 용기 있는 결단이다. 과학고라는 말만 나와도 움츠러드는 우리의 자세부터 바뀌어야 한다. 미래 산업의 주역을 키우는 일은 더 이상 미룰 수 없는 시대적 과제다. 과학고를 통한 인재 양성은 선택이 아닌 필수다. 이제 금기를 넘어, 대한민국의 미래를 위한 담대한 발걸음을 내딛을 때다.

그렇다면 우리는 어떤 방식으로 과학고를 말해야 할까? 크게 두 가지이다. 앞서 잠시 언급한 '비수도권 우선 설립', 그리고 '특성화'가 그것이다. 지난 대선 당시 내가 후보자에게 제안한 '우주 항공 과학고 개설' 공약이 이에 부합하는 예이다. 나로우주센터가 있는 전남 고흥군에 과학고를 만들고 실제 우주선 발사에 참여했던 교수와 실무진들에게 수업을 들을 수 있게 하면 어떨까? 실제 발사 장비와 현장 체험을 마련해 학생들의 꿈을 키워줄 수 있다면 어떨까? 이는 단순한 교육기관 설립을 넘어 지역 균형 발전의 새로운 모델이 될 수 있다. 연구단지와 산업생태계가 조성되면서 자연스럽게 혁신도시가 형성될 수 있기 때문이다.

누군가는 이 주장에 대해 이렇게 반박할 것이다. 과학고를 비롯한 특수목적고등학교가 교육 불평등을 심화시키고 입시 위주의 경쟁 교육을 조장한다고, 결국 이 또한 의대로 진학하기 위한 길이 될 거라고 말이다. 몇몇 개인의 일탈을 막기 위해 국가 전체의 과학기술 발전이라는 더 큰 그림을 포기하자는 논리와 다름없다.

수년 전, 진보 진영이 무상 급식을 주장했을 때 보수의 반대 논리는 다음과 같았다. 재벌 회장 아들, 딸도 왜 공짜로 밥을 먹여야 하느냐고 말이다. 이 또한 다르지 않다. 빈대가 생길까 두

려워서 초가삼간 자체를 짓지 않으려 해서는 안 된다.

더 큰 문제는 교육 평등을 주창하는 인사들의 행태다. 공교육 정상화와 특목고 폐지를 외치면서도 자신의 자녀는 특목고나 해외 명문대에 보내는 이중성을 보인다. 이들은 '자녀의 선택을 존중했다'는 변명으로 자신들의 행동을 정당화하지만, 이는 결국 남의 자녀 선택권은 제한하면서 자신의 자녀에게만 특권을 부여하겠다는 것과 다름없다.

과학영재 교육의 필요성은 단순한 엘리트주의의 관점이 아닌 국가 경쟁력의 차원에서 접근해야 한다. 전 세계가 과학기술 패권을 두고 치열한 경쟁을 벌이는 시대에, 우수 인재 양성을 포기하는 것은 국가적 손실이다. 오히려 우주항공과학고와 같은 특성화된 교육기관을 비수도권에 전략적으로 배치하여 지역 균형 발전의 거점으로 활용하는 방안을 고민해야 한다.

진정한 맞춤형 교육이란 모든 학생의 잠재력을 최대한 발현시키는 것이어야 한다. 과학적 재능이 뛰어난 학생에게 그 재능을 충분히 발휘할 기회를 제한하는 것은 오히려 교육의 본질을 거스르는 일이다. 평등이라는 명분 아래 모든 학생을 획일화된 속도로 강제하는 것은 또 다른 형태의 차별이 될 수 있다.

결국 우리에게 필요한 것은 진정성 있는 교육 담론이다. 정치인들은 자신의 행동이 주장하는 가치와 일치하는지 먼저 돌아보아야 한다. 교육 정책은 일부의 이해관계나 정치적 구호가 아

닌, 학생 개개인의 성장과 국가 발전이라는 본질적 가치에 기반
해 수립되어야 한다. 이중성을 걷어내고 진정한 교육의 방향을
논의할 때다.

애국 페이를 버리자

지난 몇 년간 한국의 항공우주 분야 성과는 눈부시다. 누리호 발사 성공 등 객관적 지표만 보아도 그렇다. 앞으로 분명 우리는 우주를 정복하는 국가가 될 것이고, 또 되어야만 한다. 만약 그렇게 될 경우, 우리 과학자들에게 국가는 무엇을 해줄 수 있을까? '고맙다, 잘했다, 당신들이 미래다' 같은 상투적인 메시지? 훈장? 대통령과의 포토타임? 그보다는 그들의 노력에 대한 적절한 보상이 이루어져야 한다.

일단 그들이 노력한 흔적들을 추적해보자. 〈러 로켓팀이 버린 자료도 뒤졌다, 누리호 부품 37만개 국산화〉[*]라는 기사를 보면, 다음과 같은 대목이 등장한다.

> 고정환 항우연 한국형발사체개발사업본부장은 한국 로켓 개발의 산증인이다. 지난 2000년 한국 최초의 액체 연료 로켓

---

[*] "러 로켓팀이 버린 자료도 뒤졌다, 누리호 부품 37만개 국산화", 조선일보(2024. 1. 2)

인 과학로켓(KSR) 3호 개발을 시작으로 러시아와 나로호 공동 개발, 이번 누리호까지 20년 넘게 발사체 연구에만 매달렸다. 그는 나로호 개발 당시 러시아 엔지니어가 흘리고 간 종이를 주워 밤새워 번역하고 버린 기름까지 분석했다.

〈모형 러 첨단로켓서 전율의 발견…누리호 개발의 비밀〉[**]이라는 기사에는 러시아의 실수에 관한 내용이 담겨있다. 누리호의 모태가 된 나로호 개발 당시, 한국항공우주연구원(이하 항우연)은 우주발사체 조립동과 발사대 인증시험을 위해 러시아에서 1단 지상검증용 발사체(GTV)를 들여왔다. 당시 흐루니체프사(社)는 항우연 측에 GTV 1단부에 노즐 정도만 달린 모형 엔진을 탑재해 발사체를 보냈다고 알려왔다. 로켓 엔진 개발과 같은 핵심 기술을 다른 국가에 함부로 넘길 수 없다는 이유였다. 하지만 3차 발사가 끝나고 이를 분해해보니 첨단 다단 연소 사이클의 앙가라 엔진이 그대로 달려 있었던 것이 아닌가. 흐루니체프사가 모형 엔진을 일부러 만드는 게 더 번거롭고 비용도 더 들어간다는 이유로 기성 엔진을 그대로 둔 뒤 발사가 끝나면 이를 가져가려고 했던 것이다. 하지만 이를 알게 된 항우연은 '계약에는 GTV

[**] "모형 러 첨단로켓서 전율의 발견…누리호 개발의 비밀", 중앙일보 (2024. 10. 29)

도 포함되었다'며 이를 막았다. 당연히 이후 누리호 75t 엔진 개발에 이 앙가라 로켓이 큰 도움이 된 건 두말할 필요도 없다.

두 기사를 살펴보면, 나로호 발사 당시의 러시아의 귀차니즘과 실수, 거기에 우리 연구원의 눈물겨운 노력이 합쳐져 누리호가 탄생한 것이다. 그렇다면 버린 종이와 기름까지 분석해가면서 노력한 항우연의 젊은 연구원들은 어떤 보상을 받았을까? R&D 예산의 삭감, 그리고 이로 인한 주요 인력의 대거 퇴직이었다.

한때 우리는 애국심이라는 무형의 가치로 인재들의 헌신을 당연시했다. 박정희 시대에는 해외의 유능한 과학자들을 조국근대화라는 명분으로 불러들일 수 있었다. 하지만 글로벌 인재 전쟁 시대를 맞은 지금, 그러한 낭만적 애국주의는 더 이상 통하지 않는다. 세계는 이미 국경을 넘어선 인재 확보 경쟁에 돌입했고, 실력 있는 전문가들은 더 나은 기회와 보상을 찾아 자유롭게 이동하고 있다.

지난 대선 당시, 심상정 당시 정의당 후보가 공약으로 내세운 이른바 '살찐 고양이법'*은 이러한 시대적 흐름을 제대로 읽지

---

* 미국 저널리스트 프랭크 켄트의 저서 『정치적 행태』에서 사용한 용어. 정치 자금을 많이 내는 부자나 특혜를 입은 부자를 비유하는 말

못한 안타까운 사례다. 기업이나 공공기관 임원의 임금 상한액을 두자는 이 발상은, 글로벌 스탠다드와 동떨어진 폐쇄적 발상이다. 현대자동차가 람보르기니 출신의 루크 동커볼케를 영입할 때 연봉 제한을 걸었다면 어땠을까? 아마도 그는 한국행을 선택하지 않았을 것이다.

우리 기업들은 이미 글로벌 인재 확보의 중요성을 깨닫고 있다. 삼성전자는 세계 각지의 우수 인재를 영입하며 파격적인 처우를 제공하고 있다. 현대기아차의 혁신적인 성장 뒤에도 세계적 수준의 전문가 영입이 있었다. 이들 기업은 최고의 인재에게는 그에 걸맞은 대우가 필요하다는 점을 명확히 인식하고 있다.

반대로 생각해보자. 우리나라의 뛰어난 인재들이 해외 기업으로부터 파격적인 제안을 받는다면 어떨까? SLBM 개발자들에게 해외 방산업체가 수십억 원대의 연봉과 함께 주거, 교통, 이민 혜택 등을 제시한다면? 순수한 애국심만으로 이러한 유혹을 이겨내기를 기대하는 것은 비현실적이다.

특히 국방과 안보 분야의 핵심 인력 유출은 국가적 손실로 이어질 수 있다. 이들이 개발한 기술과 노하우는 국가 안보의 근간이 되는 소중한 자산이다. 그러나 현재 공무원 보수 체계 내에서는 이들의 가치를 제대로 인정하고 보상하기 어렵다. 결국 우수 인재들은 더 나은 처우를 제공하는 민간 기업이나 해외로 떠날 수밖에 없다.

이제는 발상의 전환이 필요하다. '애국 페이'로 표현되는 낮은 처우를 당연시하는 관행에서 벗어나야 한다. 국가 안보와 과학기술 발전에 핵심적인 역할을 하는 인재들에게는 그들의 기여도에 걸맞은 파격적인 보상 체계를 도입해야 한다. 이는 단순히 금전적 보상만이 아닌, 연구 환경, 자율성, 성장 기회 등을 포함한 종합적인 처우 개선을 의미한다.

글로벌 시대의 인재 확보 전략은 더 이상 애국심에 기대서는 안 된다. 실력 있는 전문가들의 가치를 인정하고, 이를 현실적인 보상으로 연결시키는 것이 진정한 국가 경쟁력 확보의 길이다. 어설픈 애국심으로 포장된 저평가는 결국 우수 인재의 유출로 이어질 뿐이다.

애국 페이 버리기와 더불어 한 가지 더 고려해야 할 방안이 있다. 바로 '공무원 직무급제'이다. 직무의 성과와 중요도에 따라 급여를 차등 지급하는 임금체계를 말한다. 현행 공무원 보수체계는 시대착오적이다. 경력과 직급에 따른 일률적 급여 인상은 능력주의 시대의 요구와 정면으로 충돌한다. 실력과 성과보다 '버티기'가 미덕이 되는 문화는 공직사회의 혁신을 저해하는 주된 요인이다. 특히 디지털 전환기에 창의적 문제해결 능력이 절실한 지금, 이러한 경직된 보상체계는 우수 인재의 유출을 부추기는 역효과를 낳고 있다.

직무급제로의 전환은 이러한 맥락에서 시급한 과제다. 직무의 난이도, 책임성, 전문성에 따라 보수를 차등화하는 이 제도는 단순한 급여체계의 변화를 넘어선다. 이는 공직사회에 성과 지향적 문화를 도입하고, 혁신을 장려하는 새로운 패러다임의 시작이다. 예를 들어, 복지 서비스 전달체계를 개선하는 획기적 방안을 제시한 공무원이 있다면, 그의 기여도를 정당하게 평가하고 보상할 수 있는 근거가 된다.

현재 복지 행정의 비효율성은 심각한 수준이다. 수혜자들은 동일한 정보를 반복해서 제출해야 하고, 담당 공무원들은 중복된 서류작업에 시달린다. 이러한 비효율을 해소할 수 있는 최적의 위치에 있는 이들이 바로 현장 공무원들이다. 그들은 시스템의 맹점을 가장 잘 알고 있으며, 개선방안도 구체적으로 제시할 수 있다. 하지만 현재의 보수체계에서는 이러한 혁신적 시도가 개인의 희생으로 귀결되기 쉽다.

직무급제는 이러한 악순환을 끊을 수 있는 실효성 있는 대안이다. 업무 성과와 보상의 연계성을 강화함으로써, 공무원들의 자발적 혁신 의지를 끌어낼 수 있다. 더불어 전문성에 기반한 경력 개발 경로를 제시함으로써, 장기적인 직무 만족도 향상도 기대할 수 있다.

물론 직무급제 도입에는 신중한 접근이 필요하다. 객관적인 직무 평가 기준의 수립, 부서 간 형평성 확보, 기존 인사제도와의 조화 등 해결해야 할 과제가 산적해 있다. 그러나 이는 피할 수 없는 시대적 과제다. 공직사회가 국민에게 더 나은 서비스를 제공하고, 사회 혁신의 동력이 되기 위해서는 보수체계의 혁신이 선행되어야 한다.

결국 공직사회의 변화는 '사람'에 대한 투자에서 시작된다. 최고의 인재들이 자부심을 가지고 일할 수 있는 환경을 만드는 것. 그것이 국가 경쟁력 강화의 출발점이다. 정당한 보상과 합리적인 직급 체계는 단순한 처우 개선의 차원을 넘어, 대한민국의 미래를 결정할 핵심 변수가 될 것이다.

8,500만 원이라는 천장을 뚫자

8,500만 원이라는 상징적인 숫자를 뚫어야 한다. 이 금액을 보고 곧바로 무엇을 상징하는지 모른다면 당신은 신혼부부가 아닐 가능성이 높다. 어쩌면 최근 부동산을 구하기 위해 내 연봉과 대출 가능 금액, 이자율 등을 알아보는 실질적인 노력을 하지 않았을 가능성도 있다. 하지만 8,500만 원이라는 숫자가 우리 사회에 던지는 의미는 무겁다. 보금자리론 등 신혼부부의 내 집 마련을 돕겠다는 각종 정책의 소득 상한선이자, 현실과 이상 사이의 간극을 드러내는 상징적 수치이기 때문이다. 이 숫자는 우리 시대 젊은이들의 주거 문제와 계층 이동의 가능성을 동시에 조망하게 만든다.

지난 2024년 6월, 브릿지경제가 국토교통부 실거래가를 분석한 결과에 따르면 서울 아파트 중위 매매 거래금액은 약 10억 4,000만 원으로 조사됐다. 그야말로 10억 원을 훌쩍 넘어선 상황이다. 보금자리론의 대상이 되는 6억 원 이하 주택을 찾는 것은 서울에서 그야말로 '미션 임파서블'이 되어버렸다. 경기도로 눈을 돌려도 상황은 크게 다르지 않다. 5억 원대 중반을 호가하는 경기도 아파트 중위값은 겨우 보금자리론 기준에 턱걸이하는 수준이다. 다시 말해, 보금자리론과 같은 지원 정책으로 수도권에서 집을 사는 일은 거의 불가능에 가까워졌다는 이야기이다.

더 큰 문제는 소득 기준이다. 한국경영자총협회가 2023년 기준 고용노동부 고용 형태별 근로실태조사 원자료를 분석한 결과에 따르면 300인 이상 기업에 취직한 대졸 정규직 사원의 초임은 약 5,001만 원이었다. 다시 말해, 대기업 사원 둘이 결혼할 경우 '신입사원일 때부터' 부부 합산 연봉이 8,500만 원을 초과한다는 것이다. 그럼 중견 및 중소기업 직원들은 어떨까? 1~299인 사업체의 대졸 정규직 초임 기준 3,238만 원으로 소득 기준은 충족하지만, 높은 주거비용과 생활비로 인해 목돈 마련 자체가 불가능한 것이 현실이다. 나아가 집을 구매하지 않는다고 문제가 해결되는 것도 아니다. 서울의 평균 월세와 관리비만 해도 50~60만 원을 훌쩍 넘는 경우가 대다수이기 때문이다. 이는 저축 여력을 갉아먹는 주요 요인이 되고 있다.

이러한 현실은 '노동 소득'만으로는 내 집 마련이 사실상 불가능해졌음을 의미한다. 아무리 열심히 일하고 저축해도 부모의 도움 없이는 집을 살 수 없는 구조가 고착화된 것이다. 이는 개인의 노력으로 계층 이동이 가능하다는 '개천에서 용 나기' 신화가 완전히 붕괴했음을 보여준다.

특히 주목할 점은 보금자리론 등 주거 지원 정책이 애초 취지와 달리 실효성 있는 방안으로 기능하지 못하고 있다는 사실이다. 대출 가능 주택 가격 상한선과 소득 기준이 현실과 동떨어져 있어, 정작 도움이 필요한 계층은 혜택을 받지 못하는 아이러니한 상황이 벌어지고 있다는 말이다.

이제는 보금자리론의 기준을 현실화하는 것을 넘어, 근본적인 주거 정책의 재설계가 필요한 시점이다. 노동의 가치가 존중받고, 성실한 저축만으로도 내 집 마련의 꿈을 꿀 수 있는 사회를 만들기 위한 진지한 논의가 민주당에서부터 시작되어야 한다.

우리는 지금 불가능한 꿈을 강요하는 사회에 살고 있다. 열심히 일하고 저축하면 집을 살 수 있다는 약속이 깨진 자리에, 부모 세대의 자산이 결정적 변수가 되어버린 현실이 자리 잡았다. 이제는 주거권이 더 이상 특권이 아닌 기본권으로 자리 잡을 수 있도록, 보다 실효성 있는 정책 대안을 모색해야 할 때다.

민주당의 벨을 누구나 누를 수 있도록 하자

지난 2012년 고(故) 노회찬 의원은 정의당의 전신인 진보정의당 당대표에 취임했다. 그 당시 당대표 수락 연설은 일명 '6411번 버스 연설'이라는 이름으로 지금도 회자되고 있다.

6411번 버스라고 있습니다. 서울시 구로구 가로수 공원에서 출발해서 강남을 거쳐서 개포동 주공 2단지까지 대략 2시간 정도 걸리는 노선버스입니다.

내일 아침에도 이 버스는 새벽 4시 정각에 출발합니다. 새벽 4시에 출발하는 그 버스와 4시 5분경에 출발하는 그 두 번째 버스는 출발한 지 15분 만에 신도림과 구로시장을 거칠 때쯤 이면 좌석은 만석이 되고 버스 사이 그 복도 길까지 사람들이 한 명 한 명 바닥에 다 앉는 진풍경이 매일 벌어집니다.

새로운 사람이 타는 일은 거의 없습니다. 매일 같은 사람이 탑니다. 그래서, 시내버스인데도 마치, 고정석이 있는 것처럼 어느 정류소에서 누가 타고, 강남 어느 정류소에서 누가 내리 는지, 모두가 알고 있는 매우 특이한 버스입니다.

이 버스에 타시는 분들은 새벽 3시에 일어나서 새벽 5시 반이면 직장인 강남의 빌딩에 출근을 해야 하는 분들입니다. 지하철이 다니지 않는 시각이기 때문에 매일 이 버스를 이용하고 있습니다. 한 분이 어쩌다가 결근을 하면 누가 어디서 안 탔는지 모두가 다 알고 있습니다.

그러나 시간이 좀 흘러서, 아침 출근 시간이 되고, 낮에도 이 버스를 이용하는 사람이 있고, 퇴근길에도 이 버스를 이용하는 사람이 있지만, 그 누구도 새벽 4시와 새벽 4시 5분에 출발하는 6411번 버스가 출발점부터 거의 만석이 되어서 강남의 여러 정류장에서 5·60대 아주머니들을 다 내려준 후에 종점으로 향하는지를 아는 사람은 없습니다.

이분들이 아침에 출근하는 직장도 마찬가지입니다. 아들딸과 같은 수많은 직장인들이 그 빌딩을 드나들지만, 그 빌딩이 새벽 5시 반에 출근하는 아주머니들에 의해서 청소되고 정비되고 있는 줄 의식하는 사람은 없습니다.

이분들은 태어날 때부터 이름이 있었지만, 그 이름으로 불리지 않습니다. 그냥 아주머니입니다. 그냥 청소하는 미화원일 뿐입니다. 한 달에 85만 원 받는 이분들이야말로 투명인간입니다. 존재하되, 그 존재를 우리가 느끼지 못하고 함께 살아가는 분들입니다.

전문은 아니지만, 여기까지만 읽어도 노회찬 의원이 무엇을 말하고자 하는지 쉽게 이해할 수 있다. 더불어 이를 확대하면 정의당의 노선과 정의당의 지향점 또한 알 수 있다. 6411번을 타고 누구보다 빠르게 출근하는 사람들, 즉 '새벽을 여는 이들'은 우리 사회에 꼭 필요하지만 실제로는 잘 보이지 않는 사람들이다. 노력에 비해 정당한 가치와 존중을 받지 못하는 사람들이기도 하다. 노회찬은 이들을 비추는 발언을 했고, 속해 있던 정당뿐만 아니라 우리 사회 구성원 모두에게 큰 울림을 주었다.

그럼 생각해보자. 우리나라의 각 정당은 '누구'를 위해 존재할까? 조금은 극단적인 구분일 수도 있겠지만 이렇게 볼 수 있을 것 같다. 정의당과 같은 진보 계열, 노동 중심의 정당은 누구보다 아침을 일찍 맞이해 6411번 버스를 운행하는 운전사, 그 첫차에 올라타는 노동자, 그리고 강남 빌딩 숲속으로 들어가 누구도 출근하지 않았을 때 건물 바닥을 닦고 화장실을 청소하는 사람들을 위해 존재한다. 민주당의 범위는 이보다 조금 더 넓다. 서민과 중산층을 대변하기에 정의당이 챙기고자 하는 이들은 물론, 빌딩 숲속을 꽉꽉 채우는 직장인과 하루 종일 쉬지도 못한 채 장사하는 자영업자들도 챙겨야 한다는 말이다. 마지막으로 국민의힘은 그 빌딩 숲속 생태계를 구축한 사람들, 즉, 건물주들을 대변한다.

하지만 지난 대선 당시, 민주당은 주요 지지층을 제대로 대변하지 못했던 것이 사실이다. 우선 당의 핵심 지지기반인 직장인과 자영업자들의 절실한 목소리에 귀 기울이지 못했다. 천정부지로 치솟는 아파트 가격으로 좌절하는 실수요자들, 코로나19로 인한 손실 보상을 제때 받지 못해 시름하는 자영업자들의 한숨을 제대로 담아내지 못했다. 이는 단순한 정책 실패를 넘어 지지층과의 정서적 연대마저 흔들리게 만든 치명적 실수였다.

더 근본적인 문제는 계층 간 연대의 실패다. '위로의 확장'과 '아래로의 확장' 모두에서 한계를 드러냈다. 대학의 청소 노동자 문제만 보더라도 그렇다. 시급 400원 인상을 둘러싼 연세대 청소 노동자들의 투쟁, 서울대에서 발생한 청소 노동자 사망 사건과 이어진 부적절한 대응 등은 진보 정당을 자처하는 민주당이 가장 예민하게 반응했어야 할 사안이었다. 하지만 이에 대한 당의 대응은 미미했고, 이는 결과적으로 진보 정당으로서의 정체성마저 의심받게 만들었다.

반면 '위로의 확장'에서도 실패했다. 건물주로 대표되는 자산가들을 일방적으로 악마화하는 전략은 오히려 역효과를 낳았다. 임차인 보호라는 정당한 목표를 추구하면서도, 특정 계층을 적대시하는 것은 현명하지 못한 선택이었다. 이들 역시 납세자이자 시민이며, 보편적 복지국가를 지향한다면 결코 배제해서는 안 될 구성원이기 때문이다.

코로나19 재난지원금 정책에서도 이러한 한계가 드러났다.

88%라는 애매한 기준으로 선별 지원을 실시함으로써, 오히려 핵심 지지층 일부마저 소외시키는 결과를 초래했다. 행정 비용까지 감안하면 이는 실익 없는 정책이었다. 부자 감세나 법인세 인하와는 별개로, 극단적 이분법에서 벗어나 더 포용적인 접근이 필요했던 것이다.

정당의 확장성은 단순히 지지율을 높이는 차원을 넘어선다. 그것은 사회 통합의 비전을 제시하고 실현하는 능력과 직결된다. 때로는 정의당보다 더 진보적으로, 때로는 국민의힘보다 더 보수적으로 접근할 수 있는 유연성이 필요하다. 특정 계층을 분리하거나 고정관념에 사로잡혀 움직이는 것은 정당의 발전을 가로막는 장애물일 뿐이다.

진정한 확장성은 배제가 아닌 포용에서 시작된다. 계층 간 갈등을 조장하는 것이 아니라, 서로 다른 이해관계를 조정하고 공존의 길을 모색하는 것이 정당의 책무다. 민주당이 이러한 과제를 해결하지 못한다면, 우리가 꿈꿔온 진보적 가치의 실현 또한 요원할 수밖에 없을 것이다.

비욘드 재팬을 생각하자

내 인스타그램의 아이디는 'Marcothepnix'다. 이걸 두고 아이디의 뜻이 도대체 뭐냐고 질문하는 사람들에게 친절하게 답해주는 편인데, 정확히는 'Marco The Phoenix'라는 일본 만화 〈원피스〉의 캐릭터 이름이다. 원래는 저렇게 풀네임으로 하고 싶었는데 이미 동일한 아이디가 있다 보니 나름 변형한 형태가 지금의 아이디다.

이 아이디를 쓰게 된 이유는 분명하다. 원피스라는 만화를 좋아하기 때문이다. 원피스를 너무 좋아해서 전시회도 다녀오고, 집에는 관련 피규어가 한가득이던 시절도 있었다. 지금은 겨우겨우 에피소드를 따라가는 정도이지만 엄청난 마니아였음에는 틀림이 없다.

새삼스레 아이디에 대한 이야기를 한 이유는 간단하다. 내게 민주당원인데 어떻게 일본 만화를 좋아하냐 거나, 일본 만화의 캐릭터를 아이디로 정할 수 있냐는 항의를 받을 때가 간혹 있기 때문이다. 심지어 그들은 내게 '노노 재팬(NONO JAPAN) 당시에 뭐했냐'는 질문을 던지기도 한다. 답변을 하자면, 나도 노노 재팬 운동이 이루어질 당시에는 그 행동에 최대한 동참하려고 노력했다. 이유는 간단했다. 그건 명백히 일본의 무역 보복에서 비롯된 일이었기 때문이다.

2019년 7월, 아베 신조 당시 일본 총리는 일본 제철 강제징용 소송 판결에 따른 보복성 조치로 한국에 대한 수출 규제 조치를 단행했다. 물론 일본 정부는 이를 '한국에 대한 보복이 아닌, 기존의 수출 구조 재정비에 따른 조정'이라고 주장했지만, 당연히 이를 곧이곧대로 받아들이기는 어려웠다. 얼마 뒤 일본은 반도체 제조공정의 핵심 소재인 고순도 불화수소, 플루오린 폴리이미드, 포토리지스트 3개 품목에 대해 우리나라를 화이트리스트 대상국에서 배제했고, 국민 차원에서 이에 대응하자는 취지의 노노 재팬 운동이 일어나게 되었다. 다시 말해, 노노 재팬은 그들의 '잘못'에서 비롯된 운동이었다는 이야기이다.

시간이 흘러 윤석열 정부 임기 중에는 일본의 '사도광산 유네스코 세계유산 등재' 문제가 불거졌다. 사도광산 문제는 단순히 일본이 자신들의 문화유산을 등재 시키냐, 못 시키냐의 문제가 아니었다. '조선인 강제 동원'이라는 명백한 '잘못'이 포함된 이슈였기 때문이다. 국내외의 비판이 일자 '일본이 사도광산의 전체 역사를 반영해 현지에 전시하기로 대략 합의'*했다고 밝혔고,

---

* "외교부, '일 사도광산 유네스코 등재 동의'", mbc 뉴스(2024. 7. 27)

또한 '일본이 한국인 노동자를 포함한 전체 역사를 반영하겠다고 약속했고, 일부 조치를 이미 취했다'고도 밝혔다. 하지만 이는 사실이 아니었다. 맹목적인 대일 '굴욕 외교'가 펼쳐진 것이다.

이 시기, 많은 이들에게 다시금 항의를 받았다. 왜 아직도 일본 만화 캐릭터 아이디를 쓰고 있냐는 항의 말이다. 그런데 생각해보자. 과연 개인의 SNS 계정 아이디가 특정 만화의 캐릭터 이름인 것이 비판받아야 할 일일까? 설령 그것이 '일본' 만화의 캐릭터라 하더라도 말이다.

'올바른 항의'와 '맹목적 혐오'를 구분해야 할 시점이다. 과거 노노 재팬 운동이 보여준 시민사회의 성숙한 저항과, 무차별적 반일 감정은 분명히 구분되어야 할 시점이라는 말이다. 앞서 살펴본 것처럼, 2019년 당시 이루어진 노노 재팬 운동은 명확한 목적과 구체적인 대상을 가진 시민운동이었다. 경제적 보복에 대한 경제적 대응이라는 논리적 정당성을 갖추고 있었으며, 이는 단순한 감정적 대응이 아닌 실질적인 항의의 표현이었다.

반면 사도광산 문제는 본질적으로 외교적 실패에 대한 비판이 우선되어야 할 사안이었다. 세계문화유산 등재 과정에서 나타난 우리 정부의 소극적 대응은 분명 지적받아 마땅하다. 세계유산위원회의 의사결정 구조상 우리 정부의 강력한 의사 표명만으로도 다른 결과를 도출할 수 있었다는 점에서, 이는 외교적 역량의 부재를 여실히 보여준 사례다.

나아가 이러한 정부의 외교적 실패를 개인의 문화 소비나 여행 선택과 동일시하는 것은 바람직하지 않다. 일본 문화 콘텐츠를 즐기거나 일본 여행을 선택하는 개인의 행위를 현 정부 정책에 대한 지지로 해석하는 것은 지나친 비약이다. 문화적 교류와 정치적 대응은 분리되어 논의될 필요가 있다.

더욱 우려되는 것은 이러한 구분이 모호해지면서 나타나는 도덕적 우월주의다. 일본 여행을 가지 않는다는 선택을 특별한 애국심의 발현으로 포장하거나, 타인의 문화 소비를 비난의 대상으로 삼는 것은 건설적인 태도가 아니다. 진정한 국익 수호는 감정적 대응이 아닌 실질적이고 전략적인 접근을 통해 이루어져야 한다.

우리에게 필요한 것은 '분노의 품격'이다. 정당한 비판과 항의는 필요하다. 그러나 그것은 명확한 목적과 대상을 가져야 하며, 실효성 있는 방식으로 이루어져야 한다. 정부의 외교적 실패에 대한 비판, 역사 왜곡에 대한 항의, 부당한 경제 조치에 대한 대응 등은 감정이 아닌 이성의 영역에서 다루어져야 한다.

새로운 민주당 정부는 이제 헤이트 재팬(HATE Japan)이 아닌, 비욘드 재팬(Beyond Japan)의 사고를 갖추어야 한다. 다시 말해, 반일 감정을 내세우는 것이 아닌, 보다 실용적이고 미래지향적인 접근이 필요한 시점이라는 말이다.

예를 들어보자. 이번 12·3 내란 국면에서 MBC와 인터뷰를 진행한 브래드 셔먼 의원이 화제였다. 미국 캘리포니아주 하원 의원인 그는 MBC 라디오 〈권순표의 뉴스하이킥〉과의 인터뷰를 통해 '북한의 도발이 없었을 때 위장 작전으로 발발한 전쟁으로 인해 병력이 죽는 것을 미국은 원치 않는다'는 입장을 밝혔다. 사실상 이 입장은 미국이 윤석열의 내란을 사전 인지하고 있었던 것이 아니냐는 추측을 하게 했다. 그러면서 언론들은 브래드 셔먼 의원을 대표적 '친한(親韓)파' 의원이라고 소개했다.

여기서 포인트를 얻어야 한다. 일본은 분명 경제 강국이자 주요한 이웃 국가다. 그러나 글로벌 질서에서 일본 역시 미국의 영향력 아래 있다는 점을 우리는 명확히 인식해야 한다. 이런 맥락에서 '반일'이나 '친일'이라는 이분법적 프레임을 벗어나, 보다 전략적인 접근이 필요하다. 특히 미국 내 '친한파' 인사들을 확대하는 것은 매우 실용적인 전략이 될 수 있다.

율곡 이이의 10만 양병설에 빗대어 '10만 친한 외교 양병설'이라는 표현은 매우 적절하다. 이는 단순히 외교관의 수를 늘리자는 것이 아니라, 각계각층에서 한국을 이해하고 지지하는 우호세력을 확보하자는 의미다. 문화, 경제, 학술, 시민사회 등 다양한 영역에서 한국의 가치를 이해하고 지지하는 네트워크를 구축하는 것이 핵심이다.

이러한 접근은 일본과의 관계에서도 새로운 전기를 마련할 수 있다. 감정적 대립을 넘어 제3국, 특히 미국을 통한 우회적이고 전략적인 접근이 가능하기 때문이다. 예를 들어, 미국 내 친한파 네트워크는 일본의 경제 보복과 같은 상황에서 우리의 입장을 대변하고 지지하는 강력한 우군이 될 수 있다.

더불어 이는 단순한 외교 전략을 넘어 국가 경쟁력 강화의 토대가 된다. 글로벌 네트워크의 확장은 경제, 기술, 문화 등 다양한 분야에서의 협력 기회를 확대하고, 이는 결과적으로 일본을 넘어서는 국가 발전의 원동력이 될 수 있다.

우리에게 필요한 것은 과거에 머무는 감정적 대응이 아닌, 미래를 향한 전략적 사고다. 일본과의 관계는 중요하지만, 그것을 넘어서는 더 큰 그림을 그려야 한다. 비욘드 재팬은 단순히 일본을 부정하거나 배제하는 것이 아닌, 더 넓은 세계로 나아가는 적극적인 비전이 되어야 한다.

거리로 나온 넷우익, 극단적 혐오를 단죄하자

지난 2013년 한국에는 『거리로 나온 넷우익』(야스다 고이치 저)이라는 책이 출간되었다. 원래는 일본에서 2012년에 출판된 책으로 이른바 재특회, '재일 특권을 허용하지 않는 시민 모임' 회원들을 추적한 내용이었다.

재일 교포라고도 불리는 일본 사회 내의 재일 조선인들의 특권을 폐지하라며 사실상 오프라인 테러를 가한 집단으로 극우라는 표현도 아까울 정도로 특정 집단을 혐오했던 폭력 단체다. 이 당시, 내가 이 책을 읽을 때만 하더라도 한국에서 이런 일이 벌어질 것이라고는 상상도 하지 못했다. 물론 당시에도 디시인사이드에서 파생된 '일베'의 문제가 있었다. 하지만, 커뮤니티와 익명성 뒤에 숨은 온라인의 문제라고만 받아들였지, 이들이 당당하게 오프라인으로 나올 것이라고는 상상도 하지 못했다.

2025년 1월 19일 새벽, '한국판 거리로 나온 넷우익'들이 있었다. 그들의 목적은 내란 우두머리 혐의로 구속영장이 발부된 윤석열을 지키기 위한 것이었다. 만약 그들이 오프라인의 거리로 나오더라도 집회 정도의 행동이었다면 문제가 되진 않았을 것이다. 하지만 그들은 폭동을 일으켰다. 서울서부지방법원에서 불법 시위를 벌이다가 순식간에 법원을 습격하고 점거해 시설을 파괴했다. 이 과정에서 경찰들을 집단 폭행하고 법원 내부에서는 소화기를 뿌리며 난동을 일으켰다. 또한, 법원 내부의 유리창을 깨부수고, 이를 제지하고 방어하는 경찰을 향해 의자를 집어 던지거나 재떨이를 던지기도 했다. 법원 내부는 아수라장이 되었고, 영장 실질 심사를 맡은 특정 판사의 이름을 부르며 색출하려고도 했다. 다행히 담당 판사는 퇴근한 이후였다. 만약에라도 그들에게 잡혔다면 어떻게 되었을지 상상만으로 끔찍하다.

경찰들이 강제 진압을 하며 약 3시간여 만에 폭동은 제압되었지만, 폭도들이 휩쓸고 간 법원 내부는 그야말로 전쟁터였다. 서버 통제실에 물을 뿌려 CCTV를 무력화시키려 한 흔적도 있었고, 불을 붙여 방화하려는 시도도 있었다. 실제로 법원 외부 CCTV 회선은 파손되었다. 경찰은 즉각 법치주의에 대한 도전이라며 엄정 대처할 것이라 발표했다. 대검찰청도, 사법부도 마찬가지의 강경 대처 입장을 발표했다.

분명한 테러 행위다. 경찰 중 부상자들은 머리를 10바늘을 꿰매거나 무릎이 골절되고, 인대가 파열된 사람들도 있었다. 현장에 취재를 나간 기자들에게도 마찬가지였다. 멱살을 잡고, 주먹을 휘두르고, 카메라를 빼앗으려 했으며 머리채를 잡고 침을 뱉는 폭도들도 있었다. 심지어 그들은 법원 내·외부를 돌아다니며 기자들을 색출하려고 했다. 깡패나 다름없었다. 이 과정에서 죄 없는 민간인들도 부상을 입었다.

사태가 일어나고 난 후, 법조인들은 분개했으며 소요죄에 해당될 수 있다고 말했다. 형법 제115조에 따르면, '다중이 집합하여 폭행, 협박 또는 손괴의 행위를 한 자는 1년 이상 10년 이하의 징역이나 금고 또는 1천 500만 원 이하의 벌금에 처한다'는 내용이다. 현재까지 내란죄와 소요죄까지는 적용하지 않았다고 수사 당국이 발표했지만 명백한 오프라인 테러 사태를 그냥 넘어가서는 안 된다.

거리로 나온 넷우익과 재특회로 이야기를 시작했다. 한국에서도 똑같은 일이 벌어졌다. 아니, 훨씬 더 큰 폭동이 일어났다. 그렇다면 재특회는 당시 어떤 처벌을 받았을까?

지난 2014년 12월 10일, 우리나라 대법원에 해당하는 일본의 최고 법원은 재특회의 헤이트 스피치 시위에 대해 최종적으로 유죄를 선고했다. 심지어 1심 법원은 재특회의 활동, 교토 조선초급학교 주변에서 '조선인은 일본을 나가라', '스파이의 자식들' 등의 발언은 인종 차별 철폐 조약이 금지한 인종 차별에 해당한다고 판결했다.

2016년 11월 2일에는 재특회에 대한 손해배상 판결도 내렸다. 재특회 회원들은 도쿠시마현(県) 교직원 조합이 재일본 조선인 총연합회 계열 학교에 기부했다는 이유로 사무실에 난입하고 확성기를 틀어 '조선의 개', '매국노' 등의 폭언을 했고, 교직원 조합은 손해배상을 요구하는 소송을 제기했다. 일본의 재판부는 단호하게 판결을 내렸다. 1심에서는 231만 엔의 배상 명령을 내렸고, 2심에서는 '인종차별적 발상에 의한 행위'라며 배상액을 2배 가까이 올렸다.

최종적으로 일본 최고 법원은 재특회에 436만 엔을 배상하라고 판결했다. 이처럼 한국도 혐오 표현에 대한 처벌이 반드시 필요하다.

12·3 계엄은 명백한 내란이다. 아무런 명분도 없는 내란 우두머리 윤석열의 광기였으며 수많은 국민들이 총칼에 의해 또 한 번 희생될 뻔한 아찔한 순간이었다. 그들의 광기 어린 계획이 실패했으니 망정이지 만일 성공했다면 '노상원의 수첩'에 등장한 폭사, 사살, 구금, 전국민 출국금지 등의 반헌법적이고 민주주의에 반하는 끔찍한 일들이 자행되었을 것이다. 이를 옹호하는 행위는 반드시 처벌되어야 한다. 옹호의 행위를 넘어서 공공기관, 그것도 법의 권위가 엄격히 서야 할 법원을 향한 폭동은 엄벌해야 한다.

한 가지 더 점검해야 할 것이 있다. 이들을 그대로 방치하는 플랫폼도 규제해야 한다. 폭동을 모의하는 게시글을 그대로 방치한 커뮤니티는 플랫폼의 대표 및 책임자를 불러 문책하고, 처벌 규정을 마련해야 한다. 그들은 폭동 모의를 방치한 책임이 있다.

그들이 방조했을 이유는 명확하다. 해당 글이 인기와 방문자 수가 많아지면 글에 붙어 있는 '광고 조회수'가 높아진다. 자연스럽게 플랫폼 사업자들의 수익이 증대되는 것이다. 그들이 이익을 위해 범죄 행위를 방관하고 있다면 즉시 돈줄부터 말려야 한다. 수익 창출을 금지하도록 제재를 가하고 더 나아가서는 사이트의 폐쇄까지 검토해야 한다는 뜻이다. 유튜브 또한 마찬가지다. 실제로 오프라인 폭동 사태를 방관한 유튜브 코리아 측에 대한 질책도 반드시 병행되어야 한다. 여러 테러 집단의 위험에 노출되어 있는 미국의 상황처럼 한국도 언제든 이런 일이 벌어질 수도 있다는 것을 경고하며 문책해야 한다. 특히 민주주의를 짓밟으려 한 내란을 옹호하고 법원을 테러한 이들에게 선처란 사치다.

3장.
실패 갈아엎기

이번 장에는 최근 혹은 오랫동안 민주당이 반복해 온 실패에 관한 이야기를 담았다. 실패를 반복하는 조직에는 공통점이 있다. 과거의 성공 방식을 고수하거나, 실패의 원인을 외부에서 찾으려 한다는 것이다. 더 심각한 것은 실패를 인정하지 않으려는 태도다. 이는 비단 민주당만의 문제가 아니라 모든 조직이 마주하는 보편적 과제이기도 하다.

실패의 반복은 단순한 우연이 아니다. 그것은 조직의 DNA에 깊이 각인된 사고방식과 행동양식의 결과다. 따라서 실패의 고리를 끊기 위해서는 근본적인 체질 개선이 필요하다. 이는 단기간에 이루어질 수 있는 일이 아니며, 지속적인 노력과 헌신이 요구된다.

변화는 고통스럽다. 하지만 더 큰 고통은 변화하지 않음으로써 찾아온다. 민주당이 새로운 도약을 이루기 위해서는 먼저 실패를 직시하고 인정하는 용기가 필요하다. 실패의 원인을 외부가 아닌 내부에서 찾아야 하며, 이는 때로는 뼈아픈 자기반성을 동반하기도 할 것이다.

민주당이 제1당으로서의 위상을 되찾고 정권 재창출에 성공하기 위해서는 그동안 우리가 반복해온 실수 혹은 실패를 인정하고, 이를 극복하기 위한 구체적인 방안을 모색해야 한다. 이는 단순히 정책의 변화나 인적 쇄신만으로는 달성할 수 없다. 조직의 문화와 가치관, 그리고 행동양식 전반에 걸친 혁신이 필요하다.

실패는 끝이 아니라 새로운 시작이 될 수 있다. 다만 그것은 실패로부터 배우고, 그 교훈을 실천에 옮길 때에만 가능하다. 반복되는 실패의 고리를 끊는 것, 그것이야말로 오늘날 민주당이 직면한 가장 시급한 과제이다.

숫자놀음을 따라가지 말자

정치인들은 숫자를 사랑한다. 복잡한 현실을 단순한 숫자로 압축하고, 그것을 통해 미래의 청사진을 제시하려 한다. 하지만 이런 숫자놀음은 종종 현실을 왜곡하고 본질을 흐리는 결과를 낳는다. 최근 한국 정치사에서 반복되는 '숫자 공약'들이 이를 잘 보여준다.

747에서 555로 이어지는 숫자 공약의 계보는 한국 정치의 민낯을 적나라하게 드러낸다. 2007년 이명박 후보의 747 공약은 연 7% 성장, 4만 달러 소득, 세계 7위 경제 강국이라는 목표를 제시했다. 15년이 지난 2022년에는 555라는 새로운 숫자 조합을 마주했다. 박진 후보의 '5년 내 국민소득 5만 달러, G5 진입'이나 안철수 후보의 '5개 초격차 기술, 5개 대기업, 세계 5위 경제 강국' 구상이 그것이다.

이러한 숫자 공약의 문제는 단순히 그것이 비현실적이라는 데 있지 않다. 더 본질적인 문제는 이런 공약들이 우리 사회의 실질적 과제들을 외면한다는 점이다. 소득 불평등, 양극화, 청년 실업, 저출산, 고령화 등 한국 사회가 직면한 구조적 문제들은 단순한 숫자 목표로 해결될 수 없다. 오히려 이런 거시 지표에 대한 집착이 불평등을 심화시키고 사회 통합을 저해할 수 있다.

특히 주목할 만한 것은 이런 숫자 공약들이 보여주는 엘리트주의적 편향이다. 안철수 후보의 '5개 대기업' 육성 구상은 이미 심각한 대기업 편중 현상을 보이는 한국 경제의 현실을 더욱 악화시킬 수 있는 위험한 발상이었다. 중소기업과 자영업자들의 생존이 위협받는 현실에서, 소수 대기업 중심의 성장 전략은 시대착오적이다.

더불어 이러한 숫자 공약은 정책 담론을 왜곡한다. 복잡한 사회 문제들은 단순한 수치 목표로 환원될 수 없다. 예를 들어 '국민소득 5만 달러'라는 목표는 그 소득이 어떻게 분배되는지, 누가 그 혜택을 누리는지에 대한 논의를 배제한다. 세계 5위 경제 강국이라는 목표 역시 마찬가지다. 국가 순위보다 중요한 것은 시민들의 실질적인 삶의 질이다.

정치인들이 선호하는 이런 숫자 공약은 일종의 마케팅 전략일 수 있다. 쉽게 기억되고 전달되는 숫자를 통해 유권자들의 관심을 끌려는 것이다. 하지만 이는 결과적으로 정치 담론의 질을 저하시키고, 진정한 정책 논의를 방해한다.

안타까운 점은 이러한 숫자놀음이 최근 우리 진영에서도 등장한 적이 있다는 것이다. 지난 대선 당시, 이재명 후보는 555를 이렇게 설명했다. 국민소득 '5'만 달러, 코스피 지수 '5'000, 종합 국력 세계 '5'위. 빈부격차를 고려하지 않은 박진 후보의 5만 달러를 신나게 비판하고 있었던 민주당 지지자들은 어안이 벙벙했다. 또한 G5와 세계 5대 경제 강국을 통해 안철수 후보를 비판하던 민주당 지지들도 당황할 수밖에 없었다. G5 진입과 세계 5대 경제 강국 도약, 종합 국력 세계 5위 달성이라는 메시지에서 별다른 차이를 느낄 수 없었기 때문이다.

대체 왜 이런 일이 벌어졌을까? 이유는 아마 '당내 정치 지형'에 있었을 것이다. 당시 이재명 후보는 민주당의 비주류였다. 이때까지 국회의원 경험이 없었다. 국회에 자신의 계파가 없던 것이다. 대선 후보가 되어 소위 '대세'가 되었지만, 여전히 고정 계파라든지 자신을 정책적으로 강하게 밀고 당겨줄 세력이 부족했다. 때문에 이는 세력 규합을 위해 그가 취한 일종의 '전략'이었을 가능성이 높다. 자신의 공약 설계 방식이 아니더라도 받아들여야 할 것은 일부 받아들이며 세력 확장을 취했을 것이란 이야기이다. 하지만 안타깝게도 이러한 전략은 본선에서 별다른 힘을 발휘하지 못했다. 555 공약이 발표되었다고 해서 자신의 지지 성향을 바꿀 유권자는 그리 많지 않았다는 말이다.

우리에게 필요한 것은 단순한 숫자의 나열이 아니라, 구체적이고 실현 가능한 정책 비전이다. 불평등 해소, 사회안전망 강화, 지속 가능한 성장모델 구축 등 실질적인 과제들에 대한 진지한 토론이 필요하다. 숫자의 유혹에서 벗어나, 우리 사회의 진정한 도전과제들을 직시할 때다.

공약의 언어를 세심히 설계하자

1979년 부마항쟁이 있었다. 김영삼 당시 신민당 국회의원이 제명되자 수많은 시민이 '유신 철폐'를 외치며 거리로 나온 것이다. 하지만 이때 시위대의 현수막에는 다소 어색하게 느껴지는 문구도 함께 등장했다. 바로 '부가가치세를 철폐하라'는 것이었다. 거리로 나온 사람들은 대체 왜 군부 독재 타도와 더불어 '부가가치세 철폐'를 외쳤을까?

시간을 조금만 거슬러 올라가보자. 1976년 박정희는 연두 기자회견에서 부가가치세 도입을 천명하고, 그 시행 시기를 이듬해인 1977년 7월 1일로 못 박았다. 여론조사 같은 국민 의견 수렴 절차나 언론의 비판은 존재하지 않았다. 박정희의 말이 곧 법이었기 때문이다. 부가가치세가 도입되자, 인상된 10%의 세율에 따라 물가도 급등했다. 여파는 선거 결과로도 나타났다. 부가가치세 시행 후 이뤄진 첫 번째 선거인 1978년 12월 제10대 국회의원 선거에서 집권 여당이었던 공화당이 야당인 신민당에게 패배한 것이다. 31.70% 대 32.82%. 고작 1.12% 포인트 차이였지만, 여당이 패배했다는 사실만큼은 분명했다.

부마항쟁이 일어난 이유가 유신체제에 대한 반대였음을 부정할 수는 없다. 하지만 민심이 정권을 떠나가게 된 수많은 이유 중 하나가 박정희의 일방향적인 세금 정책 발표였음 또한 부정할 수 없다. 누군가는 조세 저항이라는 거창한 표현을 쓸 수도 있겠다. 어찌 됐든, 이후부터 선거 직전에 '세금'이라는 단어는 단 한 번도 사람들의 환영을 받은 적이 없었다.

　문제가 있다면 지난 2022년 대선 당시 민주당에서 '세금'에 관한 공약을 내세웠다는 것이다. 바로 '국토보유세' 말이다. 국토보유세는 토지를 소유한 사람이 토지 가격의 일정 비율을 세금으로 내도록 하자는 발상의 공약이었다. 당시 갑자기 없던 세금을 내면 부담스럽지 않냐는 물음에 이재명 후보는 징수한 금액을 전국민에게 균등 지급하는 기본소득의 목적세로 신설할 것이며, 이 경우 약 80~90%의 국민은 국토보유세로 낸 돈보다 받을 기본소득이 큰 '수혜자'가 될 것이라고 답했다.

　하지만 공약의 성패는 종종 그것을 설명하는 방식에 달려있다. 아무리 치밀하게 설계된 공약이라도 국민의 현실감각과 동떨어진 언어로 포장된다면 공감을 얻기 어렵다. '국토보유세'라는 명칭은 그 자체로 이미 실패를 예고하고 있었다. 부동산 가격 급등으로 서민들의 주거 불안이 최고조에 달한 시점에서, '세금'이라는 단어를 전면에 내세운 것은 현실감각의 심각한 결여를 보여준다.

더욱 큰 문제는 이 공약이 기본소득과 연계되어 제시되었다는 점이다. 기본소득에 대한 사회적 합의도 충분히 이루어지지 않은 상황에서, 새로운 세금을 매개로 이를 실현하겠다는 구상은 이중의 부담으로 다가올 수밖에 없었다. 게다가 구체적인 세율과 세수 추계도 없이 '80~90%의 국민이 수혜자가 될 것'이라는 막연한 장밋빛 전망만 내놓는 것은 공약의 신뢰성을 더욱 떨어뜨렸다.

공약의 언어는 단순히 내용을 전달하는 도구가 아니다. 그것은 공약에 대한 국민의 이해와 수용을 결정짓는 핵심 요소다. '종합부동산세'나 '재산세' 같은 기존의 부동산 관련 세금들도 이미 많은 논란을 낳고 있는 상황에서, '국토보유세'라는 새로운 조세 용어를 도입한 것은 소통의 측면에서 명백한 실수였다.

더불어 공약의 언어는 시대정신을 반영해야 한다. 2022년의 시대정신은 단연 '주거 안정'이었다. 이런 상황에서 새로운 세금 공약을 제시하려면, 그것이 어떻게 주거 안정에 기여할 수 있는지를 먼저 설득력 있게 설명했어야 했다. '보유세'라는 부담의 언어가 아닌, '주거 안정'이나 '부동산 정의' 같은 희망의 언어로 접근했다면 결과는 달랐을지도 모른다.

공약은 결국 국민과의 소통이다. 아무리 좋은 정책이라도 그것을 담아내는 언어가 국민의 현실감각과 동떨어져 있다면 실패는 불가피하다. '국토보유세' 논란은 정책과 언어의 관계를 재고하게 만드는 중요한 교훈을 남겼다. 앞으로의 공약 설정 과정에서는 내용 못지않게 그것을 전달하는 언어에도 더 많은 고민이 필요할 것이다.

인재 영입의 시스템을 구축하자

　정치권의 인재 영입은 한국 정치의 고질적인 딜레마를 보여주는 상징적 현상이다. 선거철마다 되풀이되는 '인재 영입' 드라마는 마치 정기적으로 찾아오는 계절성 이벤트처럼 익숙하다. 그러나 이 현상의 이면에는 우리 정치의 구조적 한계와 함께, 역설적이게도 새로운 가능성이 공존한다.

　정치권의 인재 수급은 크게 두 갈래로 나뉜다. 하나는 당내 시스템을 통해 성장한 내부 인재들이고, 다른 하나는 각 분야에서 두각을 나타낸 외부 영입 인사들이다. 내부 인재들은 정치의 복잡한 메커니즘을 체득하고 있다는 강점이 있다. 구의원부터 시작해 시의원, 국회의원으로 성장하는 과정에서 쌓은 실무 경험과 인적 네트워크는 분명 귀중한 자산이다. 그러나 이들은 종종 '정치공학'에 매몰되어 본질적인 정책 역량이나 비전 제시에는 한계를 보이기도 한다.

　반면 외부 영입 인사들은 각자의 전문 분야에서 검증된 실력과 참신한 시각을 가져온다는 장점이 있다. 법조계, 학계, 시민사회, 경제계 등 다양한 영역에서 축적한 전문성은 정책의 질적 향상에 기여할 수 있다. 그러나 이들 중 상당수가 정치 현장의 역학관계나 실무적 감각을 익히지 못한 채 좌절하거나, 기존 정치 문화에 동화되어 본래의 전문성과 참신성을 잃어버리는 경우가 많다.

더욱 근본적인 문제는 이러한 인재 영입이 대부분 '위로부터의 차출'이라는 형태를 띤다는 점이다. 정당의 최고위층이나 후보의 의중에 따라 하향식으로 이뤄지는 인재 영입은, 정작 정당 민주주의의 근간이 되어야 할 상향식 인재 발굴과 육성 시스템을 약화시킨다. 이는 결과적으로 정당의 체질 개선이나 정치 문화의 혁신으로 이어지지 못하는 한계를 보인다.

그렇다면 지난 대통령 선거 당시 민주당의 인재 영입은 성공적이었을까? 내 대답은 '아니다'이다. 그 이유는 당시 우리 당이 영입한 인재들의 면면 혹은 그 결과를 살펴보면 알 수 있다. 굳이 실명을 언급하지 않고 상황으로만 설명하겠다. 왜냐하면 해당 인재를 데려온 것도, 그들에게 권한을 준 것도 우리, 즉 민주당이기 때문이다.

첫 번째 사례는 어느 여성 교수 영입 사례이다. 지난 대선 당시 양당의 대선 후보는 모두 비호감도가 높았고, 특히 여성 유권자의 지지를 받지 못하는 상황이었다. 누가 먼저 이를 극복하느냐가 승리를 결정짓는 관건일 수밖에 없었다. 때문에 양쪽 모두

이를 극복하고 여성 유권자의 마음을 잡을 수 있는 상징적인 정책 또는 인물을 영입하고자 총력을 기울이는 상황이었다.

민주당이 영입한 해당 인물은 그에 가장 적합한 인재였다. 민주당이 그를 소개한 키워드는 '30대 워킹맘', '육사 출신 여성 군인', 그리고 '우주 항공 산업 전문가'였다. 그는 곧바로 상임 선대 위원장으로도 임명되었다. '육아'와 '여군', 미래 먹거리인 '우주'에 관련된 인재를 영입하는 것은 정말 쉽지 않은 일인데, 이 모든 키워드를 포괄하는 데다 그 분야에서 승승장구하고 있는 인물을 모셔 온 것이었기 때문이다. 하지만, 얼마 지나지 않아 사생활 논란이 터졌고, 해당 인재는 자진 사퇴 형식으로 자리에서 물러날 수밖에 없었다.

정밀한 검증의 부재가 문제를 낳았다. 외부 인재 영입의 맹점은 검증의 한계에서 시작된다. 화려한 이력과 전문성이라는 겉포장에 현혹되어 정작 가장 기본적인 인성과 도덕성 검증은 뒷전으로 밀리는 경우가 허다하다. 특히 시간에 쫓기는 선거 국면에서는 더욱 그렇다. 커리어와 스펙이라는 객관적 지표는 쉽게 확인할 수 있지만, 개인의 과거사나 사생활 같은 민감한 부분은 꼼꼼히 들여다보기 어렵다는 평계다.

하지만 이는 변명에 불과하다. 정치인은 공인이며, 공인에게 요구되는 도덕성과 윤리의식은 결코 타협의 대상이 될 수 없다. 더구나 국민의 대표가 되겠다고 나선 이상, 검증은 선택이 아닌 필수다. 정당이 영입 인사에 대한 철저한 검증을 게을리한 것은 유권자에 대한 기본적 예의를 저버린 것이나 다름없다.

두 번째 사례는 유명 PD 영입 사례이다. 잘 만든 정책을 예쁘게 포장하는 작업이 홍보라면, 그것을 널리 알리고 전파하는 것은 공보의 영역이다. 지난 대선 기간 동안 민주당은 이 홍보와 공보가 모두 무너졌다. 쉽게 말해 잘하지 못했다. 홍보를 위해 이 인재를 영입했다. 그는 크게 두 가지 결과물을 내놓았다. '재명C와 혜경C의 크리스마스 캐럴' 영상, 그리고 '글로벌 해돋이 지구 한 바퀴' 영상이었다. 하지만 그가 내놓은 결과물에 민주당 지지자들마저 등을 돌렸다.

성공적인 정치 홍보는 단순한 '보여주기'를 넘어선다. 1997년 김대중 후보의 'DJ와 함께 춤을' 캠페인이 그 좋은 예다. 이 캠페인은 당시 후보의 고착된 이미지를 탈피하고, 정치적 스펙트럼을 확장하는 데 성공했다. DJ DOC의 히트곡을 활용한 친근한 접근, 보수 진영 인사들의 전략적 등장, 진보 세력과의 연대 메시지 등이 절묘하게 어우러졌다. 이는 단순한 홍보 영상이 아닌, 정치적 함의가 깊은 전략적 소통이었다.

반면 지난 대선의 실패 사례는 정치 홍보의 본질을 놓친 결과다. 유명 PD를 영입해 제작한 크리스마스 영상과 해돋이 영상은 연예인 콘텐츠의 문법을 그대로 정치에 적용하려 했다. 하지만 정치인은 아이돌이 아니다. 대선 후보의 홍보는 단순한 인기나 화제성을 넘어 유권자와의 진정성 있는 소통, 정책적 비전 제시, 그리고 무엇보다 투표로 이어지는 실질적 지지를 이끌어내야 한다.

이러한 문제를 야기한 근본적인 이유는 조직적 차원의 검증과 피드백 시스템의 부재였다. 전문가 영입 자체에만 의미를 두고, 그 이후의 콘텐츠 기획과 제작 과정에서 정치적 고려가 배제된 것이다. 정당이라는 조직이 가진 집단 지성과 정치적 감각이 제대로 작동하지 않은 셈이다.

그렇다면 해법은 무엇일까? 그동안 민주당의 인재 영입은 마치 즉석식품을 데워 먹는 것과 같다. 선거철만 되면 화려한 이력의 외부 인사들을 영입하고, 이들에게 거창한 역할을 약속한다. 하지만 실상은 어떠한가? 대부분의 영입 인사들은 실질적인 역할을 맡지 못한 채 정치권의 변방을 맴돌다가 사라진다. 이는 단순히 개인의 실패를 넘어, 시스템 전반의 실패를 보여주는 징후다. 진정한 의미의 인재 영입 및 육성을 위해서는 세 가지 방향성이 필요하다.

첫째, 장기적 관점의 체계적인 육성 시스템이다. 당원 교육에서부터 시작하여 정책연구소 운영, 지방정치인 양성에 이르기까지 일관된 비전 아래 통합적인 플랫폼을 구축해야 한다. 현재

처럼 각각의 프로그램이 분절적으로 운영되는 방식으로는 시너지를 기대하기 어렵다.

둘째, 외부 인재 영입에 대한 전략적 접근이다. 단순히 이력이나 지명도만을 보고 영입을 결정하는 것이 아니라, 해당 인재의 전문성을 어떻게 활용할 것인지에 대한 구체적인 계획이 선행되어야 한다. 예를 들어, 경제 전문가를 영입했다면 그의 전문성을 살려 당의 경제 정책을 혁신할 수 있는 실질적인 권한과 역할을 부여해야 한다.

셋째, 당 내부의 민주적 의사결정 구조 확립이다. 아무리 뛰어난 인재라도 경직된 조직문화와 폐쇄적인 의사결정 구조 속에서는 제 역량을 발휘하기 어렵다. 다양한 배경과 시각을 가진 인재들이 자유롭게 의견을 개진하고, 이것이 정책으로 발전될 수 있는 개방적인 시스템이 필요하다.

특히 주목할 점은 이러한 변화가 단순히 선거 승리만을 위한 것이 아니라는 점이다. 정당은 민주주의의 핵심 제도로서, 사회의 다양한 이해관계를 수렴하고 조정하는 역할을 해야 한다. 이를 위해서는 다양한 분야의 전문성과 현장 경험을 가진 인재들이 필요하다. 이들이 민주당 내에서 성장하고 역량을 발휘할 수 있을 때, 비로소 우리 당은 본연의 기능을 다할 수 있다.

인재 영입이 '표면적 넓히기'에 그치지 않으려면, 이제는 보다 전략적이고 체계적인 접근이 필요하다. 당장의 선거 승리도 중요하지만, 장기적으로 민주당과 대한민국 정치의 발전을 위해서는 인재 육성에 대한 패러다임 자체를 바꿔야 한다. 그것이 바로 우리 당의 질적 도약을 위한 첫걸음일 것이다.

호남의 목소리에 더욱 귀 기울이자

광주는 대한민국 민주화의 성지이자 진보 정치의 상징적 거점이다. 하지만 이러한 상징성이 오히려 지역 발전의 걸림돌로 작용하고 있다는 지적이 제기되고 있다. 대표적인 사례가 복합쇼핑몰 논란이다. 지난 대선 당시, 국민의힘 윤석열 후보와 이준석 대표는 광주에만 복합쇼핑몰이 없는 것이 민주당 독주의 폐해라며 가열찬 공격을 퍼부었다. 심지어 이준석 대표는 2월 24일 광주 충장로 유세 현장에서 "복합쇼핑몰은 지역의 토호 정치인들의 논리와 이해에 의해 박탈되었던 아주 작으면서도 상징적인 권리의 표현"이라고 말했다.

이러한 공격에 대한 올바른 대응 방법은 무엇일까? 정확히 진단하고 논리적으로 대응하는 것이다. 실제로 다른 광역 지자체들과 비교했을 때 진짜 광주에만 복합쇼핑몰이 없는지 살펴보고, 그것이 사실이라면 우리 내부에서 이런 목소리는 없었는지 확인했어야 했다는 말이다.

하지만 민주당의 대응은 참담했다. '복합쇼핑몰 건립은 대통령 후보의 권한이 아닌 광주 시장의 권한'이라고 응수한 것이다.

문제는 더 악화될 수밖에 없었다. 이유는 간단했다. 역대 광주에서 보수 정당 출신의 시장이 당선된 적이 없었기 때문이다. 다시 말해, 민주당의 대응은 '내가 안 했다'고 스스로 인정한 셈이었다. 사태의 심각성을 파악한 이용섭 시장이 부랴부랴 메시지를 내긴 했지만, 이미 불이 붙고 난 뒤였다.

지나간 일이지만 다시 한번 차분히 따져보자. 우선 민주당은 광주에 복합쇼핑몰 건립을 이야기했을까? 안 했을까? 결론부터 말하자면, 했다. 2022년 2월 5일 광주 서구 김대중컨벤션센터 4층 대회의실에서는 이재명 더불어민주당 대선 후보 직속 청년선대위 다이너마이트 호남본부가 발대식을 열었다. 발대식 직후, 이동학 최고위원과 청년 패널 5명은 '호남 공약 발사식'을 가졌다. 당시 석성민 한국청년위원회 패널은 '광주 지역 복합쇼핑몰 입점 및 지역 청년 우선 채용 건'을 제안했다. 다시 말해, 광주 시민들의 목소리를 담은 공약을 내놓고도 지역민들의 질타를 받은 것이다.

왜 이런 사태가 벌어졌을까? 먼저 호남 지역의 민주당세를 확인해보자. 지난 2017년 대선 당시, 문재인 대통령은 광주에서 61.14%를 득표했다. 당시 안철수 후보는 광주에서 30.08%를 얻었다. 전남에서는 문재인 후보가 59.87%, 안철수 후보가 30.68%, 전북에서는 문재인 후보가 64.84%, 안철수 후보가 23.76%를 각각 득표했다. 이 표심에 주목해야 한다. 당시 탄핵 국면에서 치러진 선거임에도 압승하지 못했다는 것은 호남 내 민주당에 대한 지지 지형에 변화가 있었음을 의미하기 때문이다. 반짝 지나가는 결과였다고 말할 수도 있지만, 2016년 총선에서 나타난 국민의당 열풍이 2017년까지 이어졌다고 말하는 것이 더 합리적이다. 더불어 지난 2022년 지방 선거에서 광주의 투표율은 고작 37.7%였다. 투표하고 싶지 않은 광주 시민, 그리고 호남 지역 유권자들의 수가 늘어나고 있다는 말이다.

이러한 현상의 근본 원인은 지역 내 형성된 특유의 정치적 카르텔에 있다. '전라디언의 굴레'의 저자 조귀동이 지적했듯, 소수의 '이너서클'이 지역 개발과 정치적 의사결정을 좌우하는 구조가 고착화되어 있다. 2021년 학동 4구역 재개발 참사는 이러한 토착 기득권 구조가 얼마나 위험한 결과를 초래할 수 있는지 보여준 비극적 사례다.

더욱 문제적인 것은 이러한 구조적 문제를 '소상공인 보호'나 '반시장 정서' 등의 진보적 수사로 포장하는 현실이다. 하지만 같은 논리가 다른 광역시에는 적용되지 않는다는 점에서 이는 설득력을 잃는다. 부산, 대구, 울산 등 여타 광역시들은 복합쇼핑몰과 지역경제가 상생하는 모델을 이미 구축했다.

과거 노무현 정부가 광주 송정역 KTX 노선을 추진할 당시에도 '수요 부족'이라는 반대 논리가 있었다. 하지만 현재 송정역은 호남선의 핵심 거점으로 자리 잡았다. 이는 지역 발전에 있어 선제적 투자와 과감한 결단이 얼마나 중요한지 보여주는 사례다.

최근 호남 지역의 민심 변화는 단순한 정치적 바람이 아닌, 구조적 변화에 대한 열망의 표현으로 봐야 한다. 특정 정당에 대한 일방적 충성이 지역 발전의 걸림돌이 될 수 있다는 자각이 확산되고 있는 것이다. 이는 민주당에게는 위기이자 기회다.

진정한 진보 정치는 기득권 수호가 아닌 혁신과 변화를 추구해야 한다. 호남 유권자들의 '충성 스트라이크'는 이러한 본질적 가치로의 회귀를 요구하는 메시지다. 정치적 인질로 남기를 거부하는 지역민들의 각성은, 역설적으로 민주당의 새로운 도약을 위한 전환점이 될 수 있다.

4장.
정책 넘어 태도 갈아엎기

이번 장에는 민주당의 새로운 정책이 아닌 '태도'에 관한 제안을 담았다. 정치인의 말 한마디가 천 마디 정책보다 강력할 때가 있다. 아무리 좋은 정책이라도 그것을 전달하는 태도가 불쾌감을 준다면, 정책의 진정성마저 의심받게 된다. 반대로 진정성 있는 태도는 다소 미흡한 정책이라도 국민의 이해와 지지를 이끌어낼 수 있다. 정치는 결국 '사람의 일'이기 때문이다.

정치인의 태도는 단순한 겉모습이 아니기도 하다. 그것은 곧 정치철학이자 국민을 대하는 기본자세다. 겸손한 태도는 '국민의 대리인'이라는 정치인의 본질을 이해하고 있음을 보여준다. 경청하는 태도는 다양한 의견을 수렴하고 조정할 수 있는 역량의 표현이다. 진정성 있는 태도는 정책의 실현 의지를 담보한다.

특히 민주당과 같은 진보 정당에게 태도의 문제는 더욱 중요하다. 진보 정당은 본질적으로 '변화'를 추구한다. 그러나 변화는 늘 불안과 저항을 동반한다. 이때 정당의 태도가 오만하거나 독선적이라면, 그 저항은 더욱 거세질 수밖에 없다. 반면 겸손하고 포용적인 태도로 국민과 소통한다면, 변화에 대한 불안을 줄이고 지지를 확보할 수 있다.

정치는 결국 신뢰의 게임이다. 그 신뢰는 정책의 내용만으로 쌓이지 않는다. 정책을 만들고 전달하는 과정에서 보여주는 태도, 국민의 비판과 우려에 반응하는 방식, 실패를 인정하고 수정하는 자세 등이 모여 신뢰를 형성한다. 이는 단기간에 이뤄질 수 없다. 꾸준히 실천하고 체화해야 하는 정치 문화의 문제다.

이 장에는 크게 네 가지 제안이 담겨있다. 수년째 당 내외 많은 이들이 이야기했으나, 여전히 체화되지 못한 태도만을 중점적으로 정리했다. 좋은 정책만큼이나 국민의 공감대를 이끌어낼 수 있는 '태도' 역시 중요함을 다시 한번 기억하며 이야기를 시작해보자.

서민 코스프레를 멈추자

여름철만 되면 어김없이 등장하는 선풍기 앞 러닝셔츠 차림, 수박 먹방이 올해도 어김없이 SNS를 수놓고 있다. 또다시 '서민 코스프레'가 시작되는 것이다. 연봉 1억 원이 넘는 고위 공직자들이 서민의 일상을 연출하며 공감을 얻으려 하지만, 이런 전시성 행보는 오히려 국민의 눈살을 찌푸리게 할 뿐이다.

대한민국은 세계 10위권의 경제 대국이다. OECD 회원국이자 선진국 반열에 올랐다고 자부하면서, 정작 에너지 복지는 여전히 후진적 수준에 머물러 있다. 선풍기 바람으로 무더위를 견디는 것을 미덕으로 포장하는 동안, 이미 우리 사회는 에어컨이 당연한 일상이 되었다. 길거리 어느 가게를 들어가도 시원한 에어컨 바람이 나오는 시대에, 민주당 일부 인사들의 '선풍기 정치쇼'는 시대착오적이다.

진정한 서민 친화 정책은 겉모습을 흉내 내는 것이 아니라, 실질적인 삶의 질 향상에 있다. 에너지 복지의 사각지대를 해소하고, 모든 국민이 계절에 관계없이 쾌적한 환경에서 생활할 수 있도록 하는 것이 진정한 정치의 역할이다. 매년 겨울 자원봉사자들이 연탄을 나르는 모습은 감동적이지만, 그 이면에는 아직도 현대화된 난방시설을 갖추지 못한 우리 이웃들의 현실이 존재한다.

이제 '보여주기식' 행보에서 벗어나 근본적인 해결책을 고민해야 한다. 어떻게 하면 저소득층도 에어컨을 켤 수 있을지, 어떻게 하면 노후 주택의 단열을 개선할 수 있을지, 어떻게 하면 에너지 비용 부담을 줄일 수 있을지에 대한 실질적인 정책을 만들어야 한다.

위선적인 서민 흉내는 이제 그만두어야 한다. 그들에게 필요한 것은 카메라 앞 연출이 아닌, 실질적인 변화를 만들어내는 진정성이다. 에너지 복지 정책을 통해 모든 국민이 계절의 불편함 없이 살아갈 수 있도록 하는 것, 그것이야말로 진정한 서민 친화 정책의 시작일 것이다.

기왕 '서민 코스프레 하지 말자'고 말했으니 이 내용도 한 번 더 강조하는 것이 좋겠다. 바로 '부동산'에 관한 이야기이다. 연봉 1억 원이 넘는 국회의원이 집 한 채 못 산다고 말할 때, 국민은 그들의 무능력한 투자 역량을 보는 게 아닌, 정치의 민낯을 보게 된다. 상위 3% 소득자가 주거 문제를 해결하지 못한다면서 97%의 국민에게 희망을 이야기하는 것은 모순이다. 이는 단순한 개인의 재테크 실패를 넘어, 정책 입안자들의 현실감각 상실을 여실히 보여주는 징후다.

'집은 사는 곳이지 사는 것이 아니다'라는 구태의연한 수사 또한 이제 폐기해야 할 때다. 이런 도덕주의적 접근은 현실의 복잡성을 외면한 채 문제의 본질을 흐린다. 주거는 인간의 기본권이자 삶의 토대다. 매매든, 전세든, 월세든 그 선택은 개인의 자유여야 하며, 정작 중요한 것은 그 선택이 안정적으로 보장되는 환경을 만드는 일이다.

정책의 초점은 '주거 안정'에 맞춰져야 한다. 전세 사기 피해자 구제나 임차인 보호와 같은 실질적인 문제해결이 우선되어야 한다. 집주인이 전세금을 반환하지 못할 경우, 신속한 강제매각을 통해 세입자의 권리를 보호하는 등의 구체적 방안이 필요하다. 이는 단순한 규제나 진흥이 아닌, 주거 정의의 관점에서 접근해야 할 문제다.

LTV 완화 역시 '투기 조장'이라는 단순한 프레임을 넘어서야 한다. 월 수령액 300만 원 이하인 국민, 즉 소득 분위 1~8분위에 해당하는 대다수 서민들에게 이는 '내 집 마련'이라는 희망의 사다리가 될 수 있다. 물론 부작용을 최소화하는 섬세한 설계가 전제되어야 하지만, 이를 통해 실현가능한 주거 사다리를 만드는 것이 정책의 핵심이 되어야 한다.

'사라, 사지 마라'는 식의 단순한 신호를 보내는 것을 중단해야 한다. 대신 누구나 자신의 상황에 맞는 주거 형태를 선택할 수 있는 환경을 조성하는 데 집중해야 한다. 이는 매매, 전세, 월세를 아우르는 포괄적인 주거 정책의 틀 안에서 이루어져야 한다.

결국 우리에게 필요한 것은 정치인들의 허울뿐인 청렴 이미지나 도덕적 수사가 아니다. 현실을 직시하고, 실효성 있는 정책을 통해 모든 국민의 삶을 바꿔나가고자 하는 자세가 필요하다. 이제 서민인 '척'하는 행동을 멈추고, 더 많은 국민의 실질적인 문제해결에 집중해야 할 때다.

말 좀 쉽게 하자

2016년 총선 출마 당시의 일이다. 민주당은 전국 곳곳에 이런 현수막을 내걸었다.

"투표는 탄환이다."

누군가는 이 문구에 감탄했을지 모른다. 하지만 지역 주민들의 반응은 냉소적이었다. "아주 대~단한 가방끈 납셨네" 정작 유권자들이 원했던 것은 화려한 수사가 아닌, 자신들의 일상을 이해하는 진솔한 언어였다.

우리는 그동안 왜 이토록 어려운 말을 고집해온 걸까? 예를 하나 더 들어보자. 물 산업 클러스터 입주기업 지원 강화 및 한국물기술인증원의 국제인증 실현, 과연 이 공약의 이름을 지은 사람은 일반 시민의 눈높이를 고려했을까? "대구 시민 여러분, 깨끗한 물 마실 수 있게 하겠습니다"라는 한 문장이면 충분했을 텐데 말이다.

'저녁이 있는 삶'이라는 문구가 오래도록 회자되는 이유는 명확하다. OECD 노동시간 통계를 들먹이지 않아도, 퇴근 후 저녁을 여유롭게 보내고 싶은 직장인의 소망이 단 네 글자에 담겨 있기 때문이다. 정책의 본질을 꿰뚫는 직관적 표현이야말로 진정한 소통의 시작이다.

'5극 3특 체제'같은 난해한 용어들은 결국 허공으로 사라진다. 균형발전이라는 중요한 가치도 어려운 말 속에 묻혀버리고 만다. 정작 국민은 자신의 지역이 어떻게 발전할 것인지, 그것이 일상에 어떤 변화를 가져올지 알고 싶을 뿐이다.

정치인들의 언어가 현학적일수록 유권자와의 거리는 멀어진다. 중학생도 이해할 수 있는 쉬운 말로 정책을 설명하지 못한다면, 그것은 정책 자체의 실현 가능성도 의심받을 수밖에 없다. 어려운 말로 포장된 공허한 약속보다, 평이한 말로 전달되는 구체적 비전이 더 설득력 있다.

민주주의는 결국 소통에서 시작한다. 그리고 진정한 소통은 상대방의 눈높이에 맞출 때 가능하다. 정치인들은 때로 자신들의 언어가 지적 우월감의 표현이라고 착각하지만, 그것은 오히려 무능력의 증거일 수 있다. 복잡한 현실을 단순명료하게 설명하는 것, 그것이야말로 진정한 실력이다.

선거 현수막 하나, 정책 공약 하나에도 우리 정치의 현주소가 드러난다. '먹물기'를 빼고 대중의 언어로 다가설 때, 비로소 정치는 시민들의 삶과 만날 수 있다. 우리의 말이 얼마나 많은 사람들의 가슴에 닿았는지를 고민해야 한다. 현학적 수사 뒤에 숨지 말고, 시민의 눈높이에서 이야기하자. 그것이 더 많은 이들에게 민주당의 메시지를 전달할 수 있는 가장 쉽고도 빠른 방법이니 말이다.

김대중과 노무현을 통해 현실을 말하자

정치는 이상과 현실의 균형이다. 이상이 없는 정치는 기회주의로 전락하고, 현실감각이 결여된 정치는 공허한 구호에 그친다. 김대중 전 대통령이 강조했던 '서생적 문제의식과 상인적 현실감각'(서문상현)은 바로 이 균형의 정치를 함축적으로 표현한 것이다.

오늘날 한국 정치의 위기는 이 균형의 상실에서 비롯된다. 특히 진보 진영은 이상적 가치에 대한 집착으로 현실적 해법을 외면하는 경향을 보여왔다. 그러나 역설적이게도 진보 정치의 가장 빛나는 성과들은 이상과 현실의 조화를 이룬 순간에 이루어졌다.

김대중 정부의 개성공단 정책은 그 대표적 사례다. 남북 화해와 평화라는 이상을 경제적 실리라는 현실적 수단으로 구현한 것이다. 단순한 선언이나 합의가 아닌, 기업을 매개로 한 실질적 교류를 통해 평화의 기반을 다지고자 했다. 이는 정치적 이상주의자가 아닌 실용적 전략가의 안목이었다.

IMF 외환위기 극복 과정에서도 이러한 균형 감각이 빛을 발했다. 김대중 정부는 정파적 이해를 넘어 경제 전문가들을 과감히 등용했다. 자민련과의 연정을 통해 이규성 재무부 장관, 이헌재 금감위원장 등 실물 경제 전문가들을 영입한 것이 대표적이다. 이는 위기 극복이라는 실질적 과제 앞에서 진영논리를 초월한 결단이었다.

더 주목할 만한 것은 벤처기업 육성 정책이다. 1998년부터 시작된 '중소벤처기업 창업 자금 융자 지원'은 5년간 약 2조 원을 8,000여 기업에 지원하며 53만 개의 일자리를 창출했다. 이는 단순한 복지가 아닌 창의적 기업가 정신을 북돋우는 생산적 지원이었다. 오늘날 한국의 IT 강국 위상은 이러한 실용적 정책의 토대 위에서 가능했다.

막스 베버가 '소명으로서의 정치'에서 강조한 세 가지 정치적 덕목인 열정, 책임감, 균형적 현실감각은 오늘날에도 여전히 유효하다. 특히 현실감각은 단순한 타협이나 기회주의와는 다르다. 그것은 이상을 현실에서 구현할 수 있는 전략적 지혜다.

현대 정치의 위기는 이념의 부재가 아닌 현실감각의 결여에서 비롯된다. 거창한 구호나 도덕적 우월감으로는 복잡다단한 현실 문제를 해결할 수 없다. 진정한 정치적 리더십은 이상과 현실을 조화시키는 능력에서 나온다.

서생적 문제의식과 상인적 현실감각의 균형. 이것은 단순한 정치적 수사가 아닌, 오늘날 한국 정치가 되찾아야 할 핵심 가치다. 이상을 잃지 않되 현실을 직시하는 균형 잡힌 시각, 그것이 우리 정치가 나아가야 할 방향이다.

노무현 대통령 또한 마찬가지다. 노무현 대통령의 정책 중 가장 높은 평가를 받아야 할 것이 바로 행정 수도 이전과 공공기관 지방 이전이다. 그가 행정 수도 이전과 공공기관 지방 이전을 추진했을 때, 많은 이들은 그것을 단순한 정치적 계산으로 치부했다. 충청권의 표심을 얻기 위한 선거 전략이라는 냉소적 시각이 지배적이었다. 그러나 시간은 그의 선견지명을 입증했다. 현재 수도권의 부동산 문제는 단순한 공급 부족이 아닌, 과도한 수요 집중이라는 근본적 문제에서 비롯됨이 명백해졌기 때문이다.

부산에서 거듭된 낙선의 경험은 그에게 지방의 현실을 뼈저리게 각인시켰다. 지방자치 실무연구소에서의 연구는 이론적 토대를 제공했다. 이는 단순한 정치적 수사가 아닌, 깊은 고민과 실천적 통찰에서 비롯된 정책이었다. 그가 제시한 '국가균형발전'이라는 비전은 단순한 행정구역 개편이나 기관 이전을 넘어서는 것이었다. 그것은 대한민국의 미래 지속가능성에 대한 근본적인 문제 제기였다.

현재 수도권 부동산 시장의 혼란은 이러한 예견의 정확성을 방증한다. 아무리 많은 아파트를 건설하더라도, 수도권으로의 인구 집중이 지속되는 한 근본적 해결은 불가능하다. 마치 블랙홀처럼 모든 것을 빨아들이는 수도권의 흡인력은, 단순한 시장

논리나 수급 관계로는 설명될 수 없는 구조적 문제다.

김대중 대통령의 '서생적 문제의식과 상인적 현실감각'은 노무현의 국가균형발전 정책을 정확하게 설명한다. 이는 이상주의적 비전과 현실적 실행력의 결합이었다. 그는 대한민국의 미래를 위해서는 수도권 일극체제에서 다극체제로의 전환이 필수적임을 인식했고, 이를 위한 구체적 정책을 실행에 옮겼다.

그렇다면 앞으로의 민주당은 어떻게 나아가야 할 것인가? 김대중과 노무현의 길을 따라 실용, 그리고 균형을 기초로 하는 정치와 발전의 패러다임을 제시해야 한다. 수십 년 전 그들이 제시했던 비전은 오늘날 더욱 절실한 과제가 되었다. 행동해야 할 시간이다. 진정한 서문상현의 시대가 도래했다.

인간의 본능을 외면하지 말자

인간의 기본적 '욕망'을 죄악시하지 말자. 더 나은 삶을 갈망하는 것이 마치 도덕적 결함인 양 취급받는 태도는 민주당 내 사람들 혹은 민주당을 지지하는 이들에게서 유독 더 두드러진다. 그러나 이러한 태도는 인간의 본질적 특성을 외면하는 것이며, 현실을 왜곡하는 위선적 관점이다.

우리는 일상에서 끊임없이 더 나은 것을 추구한다. 10평에서 20평으로, 아반떼에서 소나타로, 과장에서 부장으로의 상승 욕구는 지극히 자연스러운 인간의 본성이다. 이러한 욕망은 단순한 물질주의나 속물근성의 발현이 아니라, 진보와 발전을 향한 근원적 동력이다. 국가가 경제성장률을 자랑스럽게 발표하고, 수출실적 증가를 대대적으로 홍보하는 것도 결국은 같은 맥락이다.

특히 주목할 점은 이러한 욕망의 이중잣대다. 국가나 조직이 성장을 추구할 때는 발전이라 칭송하면서, 개인이 같은 욕구를 표출하면 속물이라 매도하는 것은 모순이다. 절에서 자녀의 입시 성공을 기원하고, 교회에서 취업을 위해 기도하는 것이 우리의 현실이다. 이는 부끄러운 것이 아니라 인간의 솔직한 열망의 표현이다.

진보적 가치를 추구하는 것과 개인의 발전 욕구를 인정하는 것은 상충되지 않는다. 오히려 이 둘은 상보적 관계에 있다. 사회정의와 개인의 행복 추구는 동시에 달성 가능한 목표이며, 어느 한쪽을 부정할 이유가 없다. 더 나은 삶에 대한 열망을 인정하고 존중할 때, 우리는 더 현실적이고 효과적인 사회 발전 방안을 모색할 수 있다.

물론 과도한 욕망이 초래할 수 있는 부작용에 대해서는 경계해야 한다. 타인의 희생을 강요하거나 공동체의 이익을 저해하는 이기적 욕망은 분명 통제되어야 한다. 그러나 이는 욕망 자체를 부정하는 것이 아니라, 건전한 방향으로 승화시키는 과정이어야 한다.

우리에게 필요한 것은 욕망을 부정하는 것이 아니라, 이를 건설적으로 수용하고 관리하는 지혜다. 개인의 발전 욕구와 사회적 가치의 조화를 추구하며, 이를 통해 모두가 상생할 수 있는 길을 모색해야 한다. 욕망의 정당성을 인정하는 것이야말로 민주당이 더 많은 이들의 지지와 응원을 받는 길로 나아가는 첫걸음일 것이다.

5장.
함께 갈아엎은 것들

마지막 장에는 지난 대선 기간, 공약화가 이루어졌거나 당과
의 깊이 있는 논의가 이루어진 제안을 담았다. 공약화가 이루어
진 제안들은 '진보의 금기 깨기'라는 이름으로 유권자들에게 공
개되었고, 많은 반향을 이끌어냈다. 출퇴근 문제 해소부터 법인
세 인하까지. 그 크기와 방향은 모두 달랐지만, 민주당이라는 조
직의 체질 변화를 통해 국민의 실질적인 삶의 변화를 이끌어내
고 우리 사회에 산적한 문제를 해결하려 했다는 점은 크게 다르
지 않았다.

분명 변화는 어려운 일이다. 때때로 너무 느리게 가는 것 같아
답답하기도 하다. 하지만 변화할 수 있다는 믿음을 갖고 한발 한
발 전진하다 보면, 분명 더 새롭고 긍정적인 시대와 조우할 날이
올 것이라고 믿는다.

출퇴근 지옥 해소 선언

2022년 3월 대선이 끝나고 곧바로 시작된 6월 지방 선거는 대선의 연장선이나 다름없었다. 5월 19일부터 시작된 공식 선거 운동에서 눈에 띄는 대목이 있었다. 당시 더불어민주당 경기도지사 후보였던 김동연 전 경제부총리 겸 기획재정부 장관이 경기도가 아닌 서울 사당역에서 유세를 시작한 것이다. 그는 사당역 4번 출구에서 유세를 시작하면서 심야 광역버스를 타고 다시 경기도로 귀가하는 경기도민들을 향해 만원 버스와 지옥철 등 '출퇴근길'의 고충을 듣고 이러한 교통 환경 개선을 약속했다. 또한 '도민에게 하루 1시간의 여유를 되돌려 드리겠다'는 교통 공약 이행 의지를 다시금 되새겼다. 서울에서 유세를 시작했지만 사실상 경기도민에게 가장 크게 어필한 영리한 유세 방식이었다.

앞선 대선 기간 중 이재명 후보도 이와 같은 공약을 제시한 바 있었다. 바로 '출퇴근 지옥 해소 선언'이라는 이름의 공약이다. 당시 이재명 후보는 수도권 주민들의 교통대란을 정확히 공감하고 이해하고 있었다. 후보자가 직접 등장한 쇼츠 영상 문구는 페이스북과 유튜브에도 동시에 업로드되었고, 이 문구는 내가 직접 작성했다.

진보의 금기 깨기
첫 번째, 출퇴근 지옥 해소 선언

#토목건설을_해서라도
#출퇴근지옥을_해소할_수만_있다면

그동안 토목 건설은 진보의 금기였습니다.
하지만 그 금기를 깨겠습니다.
필요한 건물은 짓고, 필요한 다리는 놓고, 필요한 도로는 닦겠습니다.

교통 체증을 해소하고, 시간과 거리를 단축할 수 있는 건설은
과감하게 투자하고 추진하겠습니다.

1. 토목 건설은 환경과 물류비 절감 차원에서라도 꼭 필요합니다.

'GTX는 첫 삽을 뜰 때까지 아무도 모른다'라는 말이 있습니다. 수도권에 신도시는 생겨났지만, 대중교통망은 충분하지 않았습니다. 대한민국이 OECD 중 평균 출퇴근 시간이 가장 높은 이유도 여기에 있습니다. 과감하게 추진하겠습니다.

출퇴근 지옥을 해소하는 GTX에는 교통의 문제뿐만 아니라, 환경적 문제도 있습니다. 차량 정체로 인한 각종 자동차의 배기가스 문제

는 기후위기에 대응하려는 모습과도 상반됩니다.

물류비도 절감됩니다. 전남 신안의 천사대교가 개통되고 나서 배편으로 1시간 걸렸던 곳을 단 10분으로 지나다닐 수 있게 되었습니다. 물류비 절감이 연간 600억 원에 이른다고 합니다. 또한, 우린 이미 거가대교의 효과도 충분히 느끼고 있습니다.

2. 종로, 광화문, 용산과 청량리처럼 버스 전용 차로로 혼잡한 곳은 지하차로 개설도 적극적으로 검토하겠습니다.

기술적으로 가능하냐고 질문하실 겁니다.
가능하냐고요?
가능합니다.

우린 이미 잠실역 지하 환승센터를 경험했습니다.
당시 서울시 도시교통본부장이 지금 더불어민주당의 윤준병 의원입니다.

버스는 버스대로 막힘없이 달리고
승용차는 승용차대로 막힘없이 달릴 수 있는 혁신적인 교통 체계를 구축하겠습니다.

부산의 BRT도 더욱더 효율적인 방안이 있다면 함께 고민하겠습니다.

하나만 생각하겠습니다. 출·퇴·근·지·옥·해·소!
이재명은 합니다.
직장인의 출퇴근 지옥을 해소합니다

이 공약은 지난 대선 공식 선거 운동 시작 하루 전날이었던 2022년 2월 14일에 업로드되었다. 서울 곳곳을 다니며 느꼈던 교통 체증과 불만을 한꺼번에 해소해 주길 바라는 마음에서 공약을 만들고 이를 제안했다. 결정적인 계기는 서울 마포구의 월드컵대교였다. 월드컵대교는 2021년 9월 1일 12시에 개통되었는데, 중요한 것은 월드컵이라는 명칭이 2002년 한일 월드컵을 기념하기 위한 것이었다는 사실이다. 2002년으로부터 거의 20년, 실제 2010년 4월 29일 착공으로부터는 10년을 넘겨 개통한 것이다. 원래는 2015년 8월에 완공될 예정이었으나, 예산 삭감으로 인해 공사가 더디게 진행되었다.

의도적인 예산 삭감으로 인해 공사가 지연될 경우, 시간이 지남에 따라 상승하는 인건비, 원자재값을 그대로 서울 시민의 세금으로 충당해야 한다. 공사가 삽이 아닌 티스푼으로 땅을 파내는 것처럼 천천히 진행된다는 의미로 이른바 '티스푼 공사'라는 비판을 받기도 했다. 짓기로 한 다리는 하루빨리 짓는 것이 맞다. 그리고 그것이 직장인들과 서울 시민, 나아가 경기도민의 출퇴근 시간까지 단축시킬 수 있다면 지연시킬 이유는 하나도 없다.

법인세 인하 선언

지난 2022년 6월, 윤석열 정부는 법인세 최고세율 인하 정책을 발표했다. 기업을 살리고 고용을 늘리겠다는 취지였다. 중요한 것은 법인세 최고세율을 25%에서 22%로 인하할 경우 이 기준을 적용받는 기업이 극소수에 불과하다는 것이었다. 이는 나라살림연구소가 발표한 '법인세 최고세율 인하 정책에 대한 평가' 보고서를 통해 확인할 수 있다. 2020년 기준으로 법인세 최고세율을 적용받는 과세 표준 구간 3천억 초과 기업은 고작 80여 개밖에 되지 않으며 이는 법인세 신고 법인수 약 83.8만 개를 기준으로 본다면 상위 0.01%에 해당한다고 발표했다. 또한 법인세는 기업에 이익이 발생할 때만 해당 이익에 과세하는 세금이라, 실제로 흑자가 발생하여 법인세를 납부할 흑자 법인 수를 약 53.2만 개로 추산한다면 상위 0.02%에만 해당될 정책이라고 발표했다.

지난 대선 기간, 이재명 후보도 법인세 인하에 대한 이야기를 남겼다. 다만, 윤석열 정부가 시행한 정책과는 많이 달랐다. 먼저, 대상을 과세 표준 구간이 아닌 지역으로 분류했다. 비수도권의 기업에게만 해당되도록 했다. 이는 내가 후보자에게 보낸 보고서 등을 토대로 줄기차게 요구한 비수도권 부활, 지방 경제 살리기의 일환이었다. 더 정확히는 수도권과 비수도권의 격차 해소가 핵심이었다.

지난 2022년 3월 28일 중소기업뉴스는 대기업 본사 75% 가량이 수도권에 편중되면서 자원과 인재를 블랙홀처럼 빨아들이고 있다고 경고했다.[*] 금융감독원 전자공시시스템을 바탕으로 분석한 결과 또한 크게 다르지 않다. 대한민국의 대기업 중 절반 이상인 무려 908개(52.1%)가 서울에 있었고, 경기도는 327개(18.8%), 인천은 55개(3.2%)였다. 반면 부산은 28개, 경남은 37개, 울산 36개에 불과했다. 메가시티를 조성하고 있는 부울경을 모두 합쳐봤자 101개로 경기도의 1/3도 되지 않는 숫자인 것이다.

그렇다면 수도권의 기업들은 비수도권의 어떤 점을 가장 불편해할까? 부산의 대표적 지역 언론사인 국제신문은 지난 2022년 5월 19일 〈수도권 대기업들 "비수도권 이전 때 교통물류 애로 가장 커"〉라는 제목의 기사를 통해 조사 결과를 발표했다. 전국경제인연합회가 모노리서치에 의뢰해 매출액 1,000대 기업을 대상(152개사 응답·2022년 4월 11일~4월 27일)으로 '기업

---

[*] "대기업집단 계열사 75% 수도권 집중…지역경제 쇠락 부추긴다", 중소기업뉴스(2022. 3. 28)

의 지방 이전 및 지방 사업장 신·증설에 관한 의견을 물은 조사였다. 헤드라인처럼 기업들은 비수도권 이전의 가장 큰 장애 요인으로 시간·비용 증가 등 교통·물류 애로(23.7%)를 꼽았고, 그 뒤를 이어 기존 직원 퇴사 등 인력 확보 애로(21.1%)라고 답했다. 가덕 신공항이 다시금 뼈아프게 느껴지는 대목이었다. 또한 기업들은 수도권의 기업이 비수도권으로 가기 위해서는 교통·물류 인프라 지원(22.8%)이 가장 필요하다고 답변했고, 인력 확보 지원(18.6%)과 세제 혜택 및 설비 투자 지원(14.5%), 규제 및 제도 개선(12.9%), 사업장 부지 제공(12.1%) 등의 필요성을 지적하는 경우도 많았다.

수도권의 기업을 분산시켜야만 지방에 먹이가 생기고, 지방에 먹이가 생겨야 서울로 올라가 둥지를 틀려고 하는 사람들을 붙잡아 둘 수 있다. 당장 수도권의 기업들이 비수도권으로 내려오지 않는다면, 가장 먼저 해야 할 일은 비수도권의 기업들이 수도권으로 올라가려는 것을 잡아두는 것이다. 그게 첫걸음이다. 그 뒤에 수도권의 기업을 비수도권으로 이전하도록 유도해야 한다. 그에 해당하는 공약이 바로 법인세 인하 선언이었다. 법인세 인하로 눈길을 끌어 민주당이 비수도권의 부활에 누구보다 큰 관심을 가지고 있다는 것을 알리고 싶었다.

하지만 작은 난관이 하나 있었다. 예상했던 바이기도 했다. 민주당 내의 수도권 국회의원들의 반대였다. 국민의힘까지 갈 필요도 없었다. 수도권의 인구가 늘어나면서 비수도권의 국회의원 지역구는 합구가 되고, 수도권의 국회의원 지역구는 분구가 되었다. 인구 비례에 따라 수도권 의석수가 계속해서 늘어난 것이다. 만약 이 공약이 잘 정착이 된다면, 다시 말해 비수도권이 다시 활성화될 경우, 수도권 의석수가 줄어들 수밖에 없고, 필연적으로 민주당 내의 수도권 의원들이 반대할 것이 자명했다. 사실 반대하길 바란 점도 있었다. 논쟁이 붙으면 붙을수록 이재명 후보에게 유리하다고 생각했기 때문이다. 후보 역시 마찬가지였다. 다른 의원들이 반대하더라도 반드시 관철시켜야 한다고 말한 것이다. 나는 그 뜻에 발맞춰 아래와 같이 글을 썼다.

비수도권 원형지 개발에 대한 정책 제안의 이유

먼저, 아무리 후보자님과 영상을 찍었다고 하더라도 이 정책 제안에 대한 내용이 워낙 파격적이라 당황스럽기도 하고, 부담스러울 수도 있다는 것을 잘 알고 있습니다.

이에 조금이라도 설득을 구하고자, 이 정책 제안의 배경과 후보자님을 설득한 배경에 대해 설명드리고자 합니다.

1. 먼저, 서울의 평균 원룸 월세 가격입니다.
한국경제 <"이 집은 창문이라도 있네요"…원룸살이 청년들 '기막

힌 현실'>(2022. 2. 2)
위의 기사에는 이러한 내용이 나옵니다.

"부동산 플랫폼 다방에 따르면 서울의 전용면적 10평(33㎡) 이하 원룸의 평균 가격은 2019년 보증금 1천만 원에 월세 53만 원이었지만, 지난해에는 보증금 2,703만 원에 월세 40만 원(관리비 제외)으로 높아졌다. 최저임금을 받는 근로자가 서울에서 원룸 자취를 하면 수입의 22% 이상을 주거비에 지출하는 셈이다. 생활비와 관리비를 더하면 주거비 부담은 더욱 늘어난다."

2019년 보증금 1천만 원에 월세 53만 원에서 2021년에는 보증금 2,703만 원에 월세 40만 원이 되었다고 합니다. 자칫 월세가 줄어들었나?라는 생각이 들 수도 있지만 보증금이 100만 원 높아질 때마다 월세가 1만 원 삭감되는 것에 비유하자면, 2019년 보증금 1천만 원에서 2,703만 원이 될 때까지 월세는 약 27만 원 상승했다고 볼 수 있습니다. 그렇게 된다면 2021년 서울 평균 원룸 월세는 67만 원이라는 결과가 도출됩니다.

비약적이라고요? 아닙니다. 맞습니다. 제가 살고 있는 상암동은 보증금 1천만 원에 월세 60만 원이 기본이 되었고, 조금만 넓어지면 이 월세는 70만 원을 뚫고 나가버립니다. 또한, 대부분 원룸 자취하는 사람들은 타지역에서 직주근접을 위해 홀로 독립한 1인 가구로서 자신의 월급의 최소 40%에 육박하는 금액을 지출하고 있습니다.

연봉 3천만 원 직장인의 월 실수령액은 고작 224만 원 전후가 됩니다. 여기에서 60만 원이 월세로 지출되고, 관리비와 통신비, 교통비를 포함하면 거의 100만 원에 육박하는 '고정지출'이 발생하게 됩니다. 절반에 가까운 금액이 그냥 숨만 쉬어도 나가는 지경입니다. 연봉은 연차에 따라 오르겠지만, 큰 폭으로 상승하지 않는다면 이 부담은 직장인들에게 결코 작지 않습니다.

2. 서울에 비해 연봉 2천만 원이 적어도 부산이 낫다.

부동산 이야기만 나오면 가장 먼저 등장하는 '부동산 중위값'을 언급하고 싶습니다. 서울은 10억입니다. 부산은 얼마일까요?
국토일보 <광역시 아파트 중위값 '대전 1위'… 추가 상승 기대감 '高'>(2021. 10. 5)
위의 기사에 따르면 대전이 광역시 중에 가장 높아서 3억 7,775만 원이고, 부산은 3억 6,774만 원입니다. 바꿔서 설명하면 부동산 중위값이 약 6억 3천만 원 정도가 차이가 나는 것입니다. 상황이 이러니, 부산을 포함한 비수도권의 청년들은 연봉이 2~3천만 원이 낮아도 자신이 원래 살고 있던 지역에 머무르고자 하는 경향이 뚜렷해집니다. 간단한 이유입니다. 연봉 3천만 원이 차이 난다 하더라도 10년을 모아봤자 3억입니다. 서울에서 3억을 가지고 집을 구한다는 것은 불가능합니다.

10년을 노력해도 불가능한 곳이라면 당연히 가지 않는 것이 좋은데도 불구하고 왜 비수도권 청년들은 서울로 향할까요? 이것 역시 간단합니다. 지방에 양질의 일자리가 없기 때문입니다.

3. 그래서 지방 기업을 보호하는 것이 중요합니다.

후보자님도 얼마 전 페이스북 글을 통해 포스코의 서울 본사 이전을 반대했습니다. 그런데 그걸 막아선다고 기업들의 '서울행'이 멈춰질까요? 아닙니다. 서울을 가지 않으면 국제 경쟁력이 뒤처지는

데 안 가는 기업이 더 미친 것입니다.

그렇다면 국제 경쟁력이란 무엇일까요? 국내 최고의 인재들이 모여들고, 서로 시너지 효과를 내며 수출로 먹고사는 기업들에겐 수출이 용이하고 해외 바이어들이 편하게 찾아올 수 있는 곳이어야 하는데, 지금은 인프라도 서울, 국제공항도 인천이라 모든 것이 수도권에 '몰빵'되어 있습니다.

가덕 공항은 단순히 24시간 뜨고 내리는 공항이 아니라, 이러한 배경 속에 탄생한 것입니다. 국제공항이 있어야만 서울로, 인천으로 향하지 않더라도 동남권에서 자생이 가능한 것입니다. 여기서부터 비수도권 공약을 다시 점검해야 합니다.

4. 우리도 서울로 가고 싶지 않다.

다시 말씀드리지만, 서울이 마냥 좋아서 지방 청년들이 상경하는 것이 아니라, 내가 나고 자랐던 동네에 제대로 된 기업이 없기 때문에 어쩔 수 없이 상경하는 것입니다. 그렇다면 답은 간단합니다. 지방에 기업을 과감하게 유치하고, 있던 기업이 서울로 떠나지 않도록 해야 합니다.

최근, 부산, 울산, 경남 상공회의소장들은 지방 기업 법인세 인하를 외쳤습니다. 국가 균형 발전 지출액이 16조이고, 지방 법인세 징수액이 15조입니다. 16조를 써서 15조를 거뒀다면 1조의 손해가 발생했습니다. 돈을 지출하지 않고 차라리 법인세를 인하해서 지방 기업들이 지역 인재를 채용하고 기업의 경제적 숨통을 틔워 R&D 투자를 한다면 어떻게 될까요? 당장은 성과가 나타나지 않을지 모르나, 청년 인구의 외부 유출을 막는 '댐'의 역할을 하는 것과 동시에 지방 기업의 자생력을 제고할 수 있습니다. 따라서 원래 지방에 있는 기업들에 대한 법인세 인하 혜택이 필요합니다. 그냥 혜택을 주기 싫으면 청년 고용 증대세를 통해 지역 인재 채용을 할 경우 1명당 법인세 인하 조건을 내세우면 됩니다.

마지막으로 부울경 상공회의소와 경제인들의 지지 선언을 이끌어낼 수 있습니다. 결국 이번 선거의 핵심은 '먹고사니즘', 즉 경제입니다. 누가 경제를 더 잘 살릴 수 있을까를 고민해야 합니다. 위기에 강한 유능한 경제 대통령이랑 슬로건 말고, 어떻게 하면 진짜 살릴 수 있는 정책을 홍보할 것인지 고민할 때입니다.

5. 서울 사람들도 좋아합니다.

비수도권 투자, 지방 법인세 인하를 외치면 서울과 수도권 사람들은 마냥 싫어할까요? 아닙니다. 제 친구는 카이스트를 졸업하고 박사까지 마치고 서울에 취업해 있습니다. 그런데 이 친구는 고향 부산이 너무 좋아 내려가고 싶지만 마땅한 기업이 없어 내려오지 못하고 있습니다.

어쩌다 대구나 전남에 연구소 자리가 나와도 '왜 다운그레이드해서 지원하냐?'는 질문을 받고 떨어지기 일쑤입니다. 서울엔 지금 이러한 친구들이 많습니다. 내려오고 싶어도 이제 내려갈 수가 없습니다. 지역에 마땅한 기업이 없기 때문입니다. 부산에 기업이 없어서 서울로 갔다가 능력을 인정받아 취업한다고 하더라도 살인적인 부동산 가격에 좌절하고 다시 내려오고 싶어도 직장이 없어서 내려오지 못하는 슬픈 현실이 작금의 대한민국의 모습입니다.

서울 부동산 가격은 서울로 진입하려는 부동산 '대기 수요'가 사라

지지 않는 한 절대로 빠지지 않습니다. 바라옵건데, 노무현 대통령이 행정 수도 이전과 공공기관 지역 이전을 통해 지방을 살리고 국토 균형 개발에 나섰다면, 이재명 후보께서 그 마지막 단추인 기업을 살리는 방향으로 비수도권, 즉 지방 살리기에 나섰으면 좋겠습니다.

지방 소멸은 대한민국 공멸이고,
대한민국 공생은 오직 지방 경제 부활만이 정답입니다.

진보의 금기라는 굴레에 갇혀서,
지지율의 숫자에만 갇혀서 정작 대한민국이 나아가야 할 길을 놓치질 않길 바랍니다.

수도권도 2,500만이지만,
지방에도 2,500만 국민이 살고 있다는 것을 명심해주십시오.
감사합니다.

이 글을 다시금 반대하는 의원들과 정책팀으로 발송했고, 이재명 후보에게도 전달했다. 후보는 다시 한번 자신을 믿고 추진하라고 했고, 이 의견은 대선 캠프로 직행했다. 결국 후보의 용단으로 아래의 공약이 업로드되었다.

진보의 금기 깨기
두 번째, 법인세 인하 선언

#법인세_인하를_해서라도
#일자리를_창출할_수만_있다면

1. 취업의 남방한계선을 뚫어라!
그동안 법인세 인하는 진보의 금기였습니다.
하지만 그 금기를 넘어설 때입니다.

한반도는 남과 북으로도 갈려 있지만,
수도권과 비수도권으로도 나뉘어 버렸습니다.

일자리가 수도권에만 쏟아지는 현상,
이른바 취업의 남방한계선을 뚫어줘야 할 때입니다.

2. 광역시급에도 법인세 인하를!
부산광역시가 광역시 최초로 초고령 사회로 진입했습니다.
다른 지역보다 청년 인구 유출이 유독 심했던 결과입니다.

대한민국 제2의 도시에 마저 지방 소멸의 기운이 도사리고 있다면
과감한 경제 활성화 정책을 펼칠 때입니다. 인천까지 오지 않더라
도 24시간 이용가능한 가덕 신공항을 필두로, 정밀 전자, 정밀 기
계 등의 수출 관련 기업을 유치하도록 노력해야 합니다. 지방으로
이전을 원하는 기업에게는 2030년까지 법인세 완전 감면을 검토
하고, 포스코와 같이 지역 기반 대기업이 서울로 본사 이전을 하려
고 한다면 또 다른 혜택을 주어 지방을 지킬 수 있도록 유도해야 합
니다.

특정 회사에게 특혜를 주는 것이 아니라, 포항 시민을 포함한 지방

의 일자리와 삶의 터전을 지켜주는 것입니다. 또한, 부산 진해 자유 구역의 산업 용지가 포화 상태라 기업이 입주하고 싶어도 입주할 수 없습니다. 그린벨트를 해제해서라도 지방 경제를 활성화할 수 있도록 준비해야 합니다.

지방으로 이전하는 기업들에 대한 2030년까지의 파격적 법인세 감면과 함께 동시에 논의되어야 할 것이 이미 지방에 자리 잡고 있는 기업에 대한 법인세 인하입니다.

2020년 정부가 편성한 국가 균형 발전 예산은 16조 6천억 원 정도입니다. 같은 기간, 법인세 징수액은 15조 6천억 원입니다. 투입 금액 대비 징수액 차이가 불과 1조라면 조금 더 파격적으로 지방 기업들에게 법인세 인하를 하여 지역 기반 인재를 채용하게 한다면 청년 인구 유출의 '댐' 역할을 해낼 수 있습니다.

마지막으로 판교의 테크노밸리와 같은 창업 지구를 지정해, 부울경의 대기업들과 대표 산업이 직접 연계하고 교류할 수 있는 기업 터전을 조성하겠습니다.

3. 지방 대학과 기업의 직접 연계를!
지방의 산업단지와 기업 연구소 있지만, 교통 접근성이 낮고 대학생 및 청년층이 접근하기 어려운 현실입니다. 이에, 대학교 부지내에 기업이 직접 투자할 수 있는 공동 연구 단지와 기업 연구소를 지을 수 있다면 지역 인재를 채용하기도 쉽고 기업이 원하는 분야도 집중 투자할 수 있습니다.

가능하냐고요?
가능합니다.

이미 우리 더불어민주당의 이광재 의원이 지난 2020년 11월 발의해, 2021년 9월 29일 본회의를 통과한 '산업집적활성화 및 공장설립에 관한 법률 개정안(이하 산업집적법)'이 있습니다. 기업이 대학과 직접 연계해 비수도권을 살릴 수 있다면 정부가 나서서 도와야 합니다.

· 지방으로 이전하는 기업에게 법인세 인하를 통해 지방 경제 활성화를!
· 이미 지방에 있는 기업에게 법인세 인하를 통해 청년 인구 유출 방지를!
· 그린벨트를 해제해 지방으로 이전하고 싶어 하는 기업에게 용지 제공을!
· 기업과 대학이 직접 협력해 대학생부터 일자리 연계를!

지방 소멸이 대한민국 공멸이라면
대한민국 공생을 위해,
비수도권 파격 지원을 선언합니다.

이재명은 합니다.
지방 경제를 반드시 부활시킵니다.

2022년 2월 14일, 쇼츠 영상과 함께 이 공약은 후보자의 페이스북과 유튜브에 업로드되었다. 나는 당시 코로나19 오미크론 변이 바이러스 감염으로 자가격리에 돌입했는데, 차라리 잘됐다는 생각으로 이 공약을 더 널리 전파할 방안을 강구했다. 먼저 강훈식 선대위 전략기획본부장, 부산 시당의 박재호 의원에게 지지선언을 부탁했다. 이윽고 강훈식 본부장이 다른 의원들을 설득해 앞으로 나섰다. 2월 28일 충북, 충남, 세종 더불어민주당 국회의원 12명 전원이 이재명 후보의 '지방기업 법인세 감면 공약 지지성명'을 발표한 것이다. 박재호 의원도 마찬가지였다. 부산 시당 전체를 설득해 기자회견을 연 것이다. 당시 부산 시당 위원장이었던 그는 지지 선언과 동시에 여기서 한 발짝 더 나아가 공약의 세부 사항을 아래와 같이 다듬었다.

이재명 후보 지방 기업 법인세 감면 공약 지지 선언

이재명 후보가 발표한 지방 기업 법인세 감면 공약을 적극적으로 지지합니다.

지난 2020년 처음으로 수도권 인구가 비수도권 인구를 초월한 데 이어 비수도권의 청년 인구 유출이 가속화되고 있습니다.

부산은 광역시 최초로 만 65세 이상이 20%가 넘는 초고령사회로 진입했으며, 청년 인구는 매년 1만 명씩 떠나가는 도시가 되었습니다. 대한민국 제2의 도시인 부산마저 상황이 이렇다면 나머지 지방 도시 상황은 불 보듯 뻔합니다.

이재명 후보는 지난 15일 지방 기업 법인세를 감면하겠다는 공약을 발표했습니다. 이 공약은 부산광역시를 포함한 비수도권의 모든 지방 기업 법인세를 감면해 수도권 기업들의 지방 이전을 유인하고, 지역 청년들에게 일자리를 제공하여 청년 인구 유출을 막는 '댐' 역할을 할 수 있을 것입니다.

이재명 후보가 발표한 공약의 구체적 내용은 다음과 같습니다.

첫째, 현재 지방 이전하면 받을 수 있는 법인세 100% 감면 기간이 7년에서 11년으로 대폭 늘어납니다.

현행법상 중소기업이나 법인이 수도권에서 비수도권으로 이전하는 경우 법인세 100% 감면은 최초 7년, 이후 3년은 50%가 감면됩니다. 이재명 후보는 100% 감면은 최초 11년, 이후 5년은 50% 감면을 약속했습니다.

<참고 1> 이재명 후보 지방 이전 기업 법인세 감면 공약

구분	현행	이재명 후보 공약
중소기업의 공장이전 법인세 감면	• 수도권 과밀억제권역 밖 이전: 최초 7년 100% + 이후 3년 50%	• 수도권 밖 이전: 최초 11년 100% + 이후 5년 50%
	• 수도권 외 광역시 등 이전: 최초 5년 100% + 이후 2년 50%	
법인의 공장·본사 이전 법인세 감면	• 수도권 밖 이전: 최초 7년 100% + 이후 3년 50%	• 수도권 밖 이전: 최초 11년 100% + 이후 5년 50%
	• 수도권 외 소재 광역시 등 이전: 최초 5년 100%+이후 2년 50%	

둘째, 이미 지방에 자리 잡고 있는 지방 기업들에게도 법인세 감면을 대폭 확대합니다.

지방 소재 대기업은 특별감면 세액감면제도를 신규로 도입하여 법인세를 감면(15%)하고, 소기업과 중기업은 법인세 감면율을 두 배로 상향합니다. 이를 통해 청년 인구 유출 방지와 함께 일자리 폭탄과 기업 주도 성장을 이끌 수 있는 지방을 만들 것입니다.

<참고 2> 이재명 후보 지방 소재 기업 법인세 감면 공약

구분	현행	이재명 후보 공약
지방 소재 기업	<신설>	• 지방 소재 대기업특별 세액감면제도 도입 · 특별세액 감면율: 15%
	• 소기업 · 도소매.의료업 등: 10% · 제조업 등 기타업종: 30% • 중기업 · 도매업 등 5% · 제조업 등 기타업종 15% · 지식기반 산업 15%	• 소기업 (2배 상향) · 도소매·의료업 등: 20% · 제조업 등 기타업종: 60% • 중기업 (2배 상향) · 도매업 등 10% · 제조업 등 기타업종 30% · 지식기반 산업 30%

셋째, 공단이 들어서고 싶어도 공장 부지가 없는 지방에는 그린벨트를 해제해서라도 지방에 기업을 유치할 것입니다. 또한, 공장 부지와 상하수도 시설 마련 등의 인프라 시설까지 모두 책임질 것입니다.

넷째, 「산업집적법」을 근거로, 기업과 대학이 직접 연계할 수 있도록 할 것입니다. 대학교 내에 기업의 연구소와 창업센터를 유치해 대학을 다니면서부터 기업과 연계한 활동을 지원하고 직무 연관성을 높일 것입니다.

비수도권에서 창업하는 중소기업에 대해서는 5년간 법인세 50% 감면을 대폭 확대해 최초 11년간 100% 감면, 이후 5년간 50% 감면이 이뤄질 예정입니다.

<참고 3> 이재명 후보 지방 소재 창업기업 법인세 감면 공약

구분	현행	이재명 후보 공약
창업중소기업에 대한 법인세 감면	• 수도권 과밀억제권역 밖 창업 시: 5년간 법인세 50% 감면	• 수도권 밖 창업 시: 최초 11년 100% + 이후 5년 50%

원래 징수했던 세금이 크게 줄지도 않습니다. 2020년 기준 법인세 징수액은 55조 5,132억 원입니다. 이 가운데 수도권 징수액은 39조 8,240억 원으로 71.7%, 비수도권은 28.3%로 15조 6,892억 원입니다. 2020년 국가 균형 발전 예산은 16조 6천억 원입니다. 투입 대비 징수액이 훨씬 더 적었다면 기업 스스로가 자생할 수 있는 정주 여건을 만드는 것이 급선무입니다.

지방기업 법인세 감면을 통한 지방 살리기에 나서지 않는다면, 비수도권의 인구는 계속해서 빠져나가고, 수도권의 인구만 폭발적으로 증가할 것입니다.

대한민국 5천만 명 인구 중에 수도권에만 3천만 명, 4천만 명이 살아가는 상황이 되어서는 안 됩니다. 수도권 부동산 가격 폭등도 결국은 수도권으로만 유입되는 부동산 대기 수요 때문입니다.

수도권 과밀을 해소하고 지방과의 균형 발전을 위해 특단의 대책이 필요합니다. 지방 소멸이 대한민국 공멸이라면 대한민국 공생을 위해 지방 기업 법인세 감면은 반드시 필요합니다.

이재명 후보가 제시한 지방기업 법인세 감면 공약은 부산시 청년들에게 일자리 폭탄을 주고 부산시 미래를 위해 반드시 필요한 공약인 만큼 적극 지지합니다.

더불어민주당 부산시당위원장 박재호

<이재명 후보 지방기업 법인세 감면 공약 (안)>

구분	현행	이재명 후보 공약
중소기업의 공장이전 법인세 인하	• 수도권 과밀억제권역 밖 이전: 최초 7년 100% + 이후 3년 50%	• 수도권 밖 이전: 최초 11년 100% + 이후 5년 50%
	• 수도권 외 광역시 등 이전: 최초 5년 100% + 이후 2년 50%	
법인의 공장·본사 이전 법인세 감면	• 수도권 밖 이전: 최초 7년 100% + 이후 3년 50%	• 수도권 밖 이전: 최초 11년 100% + 이후 5년 50%
	• 수도권 외 소재 광역시 등 이전: 최초 5년 100% + 이후 2년 50%	
지방 소재 기업	<신설>	• 지방 소재 대기업특별 세액 감면제도 도입 · 특별세액 감면율 : 15%
	• 소기업 · 도소매.의료업 등: 10% · 제조업 등 기타업종: 30% • 중기업 · 도매업 등 5% · 제조업 등 기타업종 15% · 지식기반 산업 15%	• 소기업 (2배 상향) · 도소매.의료업 등: 20% · 제조업 등 기타업종: 60% • 중기업 (2배 상향) · 도매업 등 10% · 제조업 등 기타업종 30% · 지식기반 산업 30%
창업 중소기업에 대한 법인세 인하	• 수도권 과밀억제권역 밖 창업 시: 5년간 법인세 50% 감면	• 수도권 밖 창업 시: 최초 11년간 100% + 이후 5년 50%

전기 자동차 주차장 확보 선언

　세 번째 변화는 다시 한번 전기 자동차에 관심이 있는 유권자들의 마음을 '영끌'하기 위한 기획이었다. 당시 내가 작성한 전기 자동차 위원회와 관련한 보고서는 2021년 8월 15일에 후보자에게 전달이 되었고, 그로부터 3개월 후인 11월 26일 이재명 후보자의 소확행 13번째 공약, 전기차 보조금 대폭 확대로 투영되었다. 그로부터 다시 약 2개월 후인 2022년 1월 8일에는 전기차 충전 요금 5년간 동결이라는 국민의힘 쇼츠 공약이 등장했다. 조회수는 약 71만 회였다. 사실상 같은 맥락의 공약이지만 민주당 대선 캠프는 보조금 확대를 통해 미래의 전기차 구매 예정자들에게 어필했고, 국민의힘은 충전 요금 동결로 이미 전기차를 운행하고 있는 표심에 구애했다. 따라서 마지막으로 한 번 더 이미 전기 자동차를 운행하고 있는 유권자들의 마음을 흔들어 보고 싶었다. 이 공약은 여러 이유로 반려되어 끝내 후보자의 페이스북에는 업로드되지 못했다.

진보의 금기 깨기

세 번째, 전기 자동차 주차장 확보 선언

#전기차에_대한_무한정_혜택을_줘서라도
#기후위기에_대응할_수만_있다면

1. 기후위기는 현실입니다.
빙하가 녹고 대형 산불이 나고
기상 이변은 모두 기후위기를 말해주고 있습니다.

하지만 눈으로 매번 볼 수 없다면,
체감하기 어려울 수 있습니다.

2. 국가는 국가답게 국민은 국민답게
체감하기 어렵다고 해서
기후위기에 늑장 대응할 수는 없습니다.

국가는 국가답게 대처하고
국민은 국민답게 대처해야 합니다.

① 2025년까지 전기 자동차 국고 보조금을 대폭 확대하고
② 전력 충전 요금도 동결하고
③ 고속도로와 공영 주차장은 급속 충전기 중심으로 50% 이상 설비를 확충하겠습니다.
④ 신축 공공기관과 신축 아파트는 전기 충전 시설 50%를 의무화하겠습니다.
⑤ 폐배터리 처리 문제도 전담 부서를 두어 전기 자동차의 시작부

터 끝까지 국가가 책임지겠습니다.

3. 결국은 인프라의 문제입니다.
내연 기관의 주유소 방식은
전기 자동차가 보편화된다면 결국은 전기 자동차에 맞는 형태로
바뀌어 갈 것입니다.

국민은 전기 자동차 구매와 유지로 기후위기 대응에 동참하고, 국
가는 전기 자동차 보조금과 전력 요금, 충전 시설로 기후위기 대응
에 동참하겠습니다.

나는 지고 싶지 않다

한때 우리는 거악(巨惡)이라고 할 만한 뚜렷한 적을 가지고 있었다. 군부독재라는 명확한 타도의 대상이 있었기에, 민주화운동은 그만큼 강력한 구심점을 가질 수 있었다. 하지만 이제 우리 사회를 옥죄는 것은 총칼이 아닌, 보이지 않는 구조적 폭력이다. 살인적인 물가와 천정부지로 치솟는 집값, 좀처럼 좁혀지지 않는 노동소득의 격차가 그것이다.

오늘날 대한민국 사회의 가장 큰 모순은 '둥지 없는 새들'을 양산하는 데 있다. 지방에는 일자리라는 먹이가 없고, 서울에는 안정된 거처라는 둥지가 없다. 수도권 인구 집중은 이제 단순한 도시 문제를 넘어 국가 존립을 위협하는 수준에 이르렀다. 전체 인구의 절반이 국토의 11%에 몰려사는 기형적 구조는 저출산, 지방 소멸과 맞물려 악순환의 고리를 만들어내고 있다.

더욱 우려스러운 것은 이러한 불균형이 점점 더 심화되고 있다는 점이다. 과거 서울의 '위성도시'로 불리던 수도권 도시들이 이제는 '자족도시'를 표방하며 독자적인 경제권을 형성하고 있다. 언뜻 보면 바람직한 발전 방향 같지만, 이는 결국 수도권으로의 더 큰 쏠림 현상을 야기할 뿐이다. 지방으로 가야 할 기업들이 수도권에 머물게 되면서, 지역 격차는 더욱 벌어지고 있다.

이러한 현실에서 청년들의 삶은 더욱 팍팍해지고 있다. 부모의 자산 규모가 자녀 세대의 미래를 결정짓는 현실은, 우리 사회가 얼마나 기회의 평등에서 멀어져 있는지를 보여준다. 한 달 월급으로는 당장의 생활도 버거운 청년들에게 내 집 마련은 이제 꿈조차 꾸기 어려운 목표가 되어버렸다.

과거 우리는 군부독재라는 단일한 적을 상대로 싸웠다. 하지만 지금 우리가 마주한 문제는 훨씬 더 복잡하고 구조적이다. 어느 한 세력이나 인물을 타도한다고 해서 해결될 수 있는 성질의 것이 아니다. 우리에게 필요한 것은 보다 근본적이고 종합적인 해결책이다.

새로운 정부는 이제 단순한 성장 담론이나 수도권 규제 완화를 넘어서는 패러다임을 제시해야 한다. 지역 균형 발전은 더 이상 미룰 수 없는 과제다. 청년들이 지방에서도 양질의 일자리를 찾을 수 있고, 수도권에서도 적정한 주거비용으로 안정된 삶을 영위할 수 있어야 한다.

둥지 없는 새가 번식할 수 없듯이, 안정된 터전 없는 청년들에게 결혼과 출산을 기대하는 것은 가혹한 요구일 뿐이다. 우리는 이제 모든 이들이 자신만의 둥지를 틀 수 있는 사회를 만들어가야 한다. 그것이 진정한 민주화의 완성이자, 우리 시대의 과제일 것이다.

민주당의 DNA를 바꿔 이러한 '현실'의 문제를 해결해야 할 때다. 낡은 관념에서 벗어나야 달라진 세대 인식을 담아낼 수 있다. 정치의 품격을 논할 때 우리는 종종 거창한 수사와 이상적 비전에 매료된다. 하지만 정작 놓치고 있는 것은 일상의 정치, 즉 '실용의 미학'이다. 최근 민주당의 쇄신 논의를 지켜보며 이 간극이 더욱 선명하게 드러난다. 화려한 수사 속에 파묻힌 실용 정치의 가치를 재조명해야 할 시점이다.

베이비부머 세대의 대규모 은퇴는 우리 사회가 직면한 가장 현실적인 도전 중 하나다. 이들이 청년기를 보냈던 시대의 패러다임은 '평생직장'이었다. 퇴직금으로 노후를 보내는 것이 자연스러운 삶의 경로였다. 하지만 현실은 달라졌다. 평균수명 100세를 바라보는 시대에 60대는 이제 겨우 인생의 중반이다. 남은 40년을 어떻게 채울 것인가? 이는 단순한 복지정책의 차원을 넘어선 사회구조적 과제다.

정치권이 이런 현실적 과제에 둔감했던 것은 아이러니하게도 '고귀한' 정치적 이상 때문이었다. 민주화운동의 DNA를 간직한 정당들은 거대담론과 이념적 정체성에 집착하는 경향을 보여왔다. 하지만 김대중 전 대통령이 말한 "서생적 문제의식과 상인적 현실감각"이라는 균형 잡힌 통찰은 여전히 유효하다. 이는 실용이 결코 저급한 가치가 아님을 일깨운다.

실용 정치는 단순히 표를 얻기 위한 포퓰리즘과는 다르다. 그것은 시대적 요구를 정확히 읽고, 구체적 해법을 제시하는 능력이다. 수도권과 비수도권의 격차, 세대 간 인식의 괴리, 노인 빈곤 문제 등은 모두 실용적 접근을 요구하는 과제들이다. 이러한 문제들은 이념적 수사나 추상적 비전만으로는 해결할 수 없다.

정치의 본질이 민생이라는 점은 인류 역사상 한 번도 변한 적이 없다. 시대마다 민생의 요구는 달랐지만, 그것이 정치의 중심이어야 한다는 사실은 불변이다. '곳간에서 인심 난다'는 옛말은 단순한 처세술이 아니라 정치의 근본을 꿰뚫는 통찰이다. 민심은 구체적 삶의 변화를 통해 움직인다.

우리는 이제 "어떤 미래를 오게 할 것인가"와 "어떤 미래를 준비해야 하는가"라는 두 가지 질문을 동시에 고민해야 한다. 이는 현실과 이상의 균형 잡힌 조화를 요구한다. 실용 정치는 결코 이상과 대립하지 않는다. 오히려 이상을 현실화하는 가장 효과적인 경로다.

정치의 품격은 거창한 수사가 아닌 실천적 해법에서 나온다. 실용은 타협이나 기회주의가 아닌, 현실을 변화시키는 실천적 지혜다. 이제 우리는 실용의 가치를 새롭게 발견하고, 그것에 마땅한 품격을 부여해야 할 때다. 그리고 이러한 시대적 부름에 응답했을 때, 우리는 승리할 수 있다.

나는 더 이상 지고 싶지 않다.